Entre o monstro e o santo

RICHARD HOLLOWAY

Entre o monstro e o santo

Tradução de
JUSSARA SIMÕES

Revisão técnica de
HUGO LANGONE

1ª edição

EDITORA RECORD
RIO DE JANEIRO • SÃO PAULO
2013

CIP-BRASIL. CATALOGAÇÃO-NA-FONTE
SINDICATO NACIONAL DOS EDITORES DE LIVROS, RJ

H691e
Holloway, Richard, 1933-
Entre o monstro e o santo: reflexões sobre a condição humana / Richard Holloway; tradução de Jussara Simões. – Rio de Janeiro: Record, 2013.

Tradução de: Between the monster and the saint
Inclui bibliografia e índice
ISBN 978-85-01-08374-6

1. Antropologia filosófica. 2. Pessoas. I. Título.

13-1478

CDD: 128
CDU: 128

Título original em inglês:
BETWEEN THE MONSTER AND THE SAINT

Copyright © Richard Holloway, 2008

Todos os direitos reservados. Proibida a reprodução, armazenamento ou transmissão de partes deste livro através de quaisquer meios, sem prévia autorização por escrito.Proibida a venda desta edição em Portugal e resto da Europa.

Texto revisado segundo o novo Acordo Ortográfico da Língua Portuguesa.

Direitos exclusivos de publicação em língua portuguesa para o Brasil adquiridos pela
EDITORA RECORD LTDA.
Rua Argentina 171 – 20921-380 Rio de Janeiro, RJ – Tel.: 2585-2000
que se reserva a propriedade literária desta tradução

Impresso no Brasil

ISBN: 978-85-01-08374-6

Seja um leitor preferencial Record.
Cadastre-se e receba informações sobre nossos lançamentos e nossas promoções.

EDITORA AFILIADA

Atendimento direto ao leitor:
mdireto@record.com.br ou (21) 2585-2002.

Para Mark

Em si mesmo se enrosca, a cabeça protege
Ao ser por botas pesadas chutado; em chamas, correndo,
No fulgor do lume ele arde; um buldôzer o arrasta
A um barreiro.
Seu filho. Agarrado a um ursinho de pelúcia. Concebido
   no êxtase.

Não aprendi ainda a falar como devia: sereno.

Czesław Miłosz

Sumário

Agradecimentos 11
Introdução 13

I. FORÇA X 21

1 Monstro 23
2 Piedade 57

II. MERCADO 81

3 Alma 83
4 Sofrimento 111

III. HORA DO RECREIO 141

5 Comédia 143
6 Santo 171

Notas 197
Permissões 203
Bibliografia 205
Índice remissivo 209

Agradecimentos

Sou extremamente grato a Nick Davies pelos sábios conselhos a respeito do formato geral deste livro, e a Katherine Stanton, por sugerir algumas correções e aprimoramentos no texto.

Será óbvio para qualquer um que leia este livro, ou folheie a bibliografia, que devo muitíssimo a muitos outros autores. Sou grato a todos, mas gostaria de mencionar seis mulheres em especial, sem cuja inspiração o meu livro jamais seria escrito: Hannah Arendt, Andrea Dworkin, Pumla Gobodo-Madikizela, Gitta Sereny, Simone Weil e Virginia Woolf.

Nas citações da Bíblia, usei a do rei James.

Richard Holloway
Edimburgo, 2008

Introdução

Aos nove anos de idade tive um emprego de mensageiro numa quitanda que ficava no início da nossa rua. Era um comércio grande, com oito empregados, tanto homens como mulheres. Certa manhã, quando não havia movimento, aconteceu algo que me ficou na memória. Havia um depósito nos fundos da loja, com uma longa mesa no meio, usada para pesar, medir, empacotar, fatiar e organizar. Naquela manhã, havia um zum-zum conspirador entre os empregados do sexo masculino, que estavam se encaminhando, aos poucos, para o depósito. Juntei-me a eles, querendo saber o que estava acontecendo. Era óbvio que, fosse o que fosse, o chefe do bando era o mais velho, um sujeito arrogante, que parecia considerar-se superior a nós. Quando já estavam todos reunidos, ele nos fez ficar em silêncio e, alguns segundos depois, uma das mulheres entrou no local, talvez para pegar algo para um freguês. Assim que ela entrou, a porta foi fechada e trancada, e os homens a cercaram. O clima, se bem me lembro, era brincalhão, e não ameaçador, e a mulher dava uns risinhos nervosos, como se soubesse o que ia acontecer. O Sr. Arrogância deu o sinal e os homens agarraram a mulher. Deitaram-na de costas na mesa. Embora ela relutasse um pouco, parecia-me que era mais um gracejo do que um linchamento, e ela não pediu socorro. Eu não sabia exatamente o que estava acontecendo, mas tive papel significativo no que aconteceu. Embora a estivessem segurando deitada na mesa, as pernas dela ainda estavam penduradas para fora. Para entrar na brincadeira, segurei-a pelos tornozelos e ergui as pernas dela para a mesa, suscitando parabéns do Sr. Arrogante pela ajuda. Ele, então, enfiou as mãos por baixo da saia dela e a apalpou. E acabou. Eles a deixaram levantar-se, ela arrumou a roupa, pegou o que fora buscar, saiu do depósito e os homens voltaram todos ao trabalho. Ninguém disse nada sobre o incidente e jamais houve menção a ele. Parei de trabalhar ali pouco tempo depois. Às vezes eu esbarrava com o Sr. Arrogância, junto com a família, na cidade, e me perguntava o que se passava na cabeça dele com relação ao incidente. Eu me perguntava o que deu em mim, por que fiz o que fiz, de onde viera aquilo, o que tomou posse daquele depósito naquela antiga quitanda da rua Mitchell, Alexandria.

Eu era um garotinho introspectivo que vivia principalmente nos sonhos e pesadelos da imaginação, provocados pelo meu vício de ler e ir ao cinema. As ficções em que eu vivia mergulhado no papel e na tela comunicavam, todas, a impressão de que o mundo era um lugar perigoso e imprevisível. Parecia haver três personagens principais na Terra e, embora as histórias que eu devorava e os filmes a que assistia os representassem de maneiras diversas, parece que só existia uma única história com variações, infinitamente repetida. Às vezes era a bondade óbvia ameaçada pela maldade óbvia, mas essas não eram nunca histórias lá muito atraentes. À sua maneira diferente, o deveras mau e o verdadeiramente bom pareciam ser bem invulneráveis ao ataque espiritual, e por isso era difícil torná-las interessantes, talvez porque já estavam tão definidas e claras a respeito de si mesmas. História realmente interessante era sobre aqueles que eram surpreendidos entre as duas invulnerabilidades. Essa trama assumia muitas formas, mas uma das minhas favoritas nos filmes de Hollywood da época era o garoto do bairro violento, dividido entre o padre durão que luta por afastá-lo do crime e o carismático chefe de quadrilha que pretende recrutá-lo para a máfia. Minhas histórias e filmes preferidos eram assim. O verdadeiro drama estava na luta do personagem que era disputado pelo monstro e pelo santo. Eu já percebia que o mocinho-bandido ou o bandido-mocinho eram mais interessantes do que o decididamente bom ou realmente mau — talvez porque sabia, por intuição, que era ali que a vida me colocaria. O problemático daquela agressão na quitanda era que me empolgara tanto quanto aterrorizara, e me fizera correr na espinha um calafrio premonitório.

Alguns anos depois, comecei a me aprofundar numa das mais intensas definições da luta humana que a nossa imaginação inventou: o mito cristão da redenção. Nesse drama, os extremos morais dos protagonistas se tornam absolutos, assim como o destino do personagem prejudicado entre eles. Batalhas da bondade perfeita e eterna com o total e determinado mal para a alma da humanidade. E o sexo é um dos campos de batalha. Sob essa luz, o incidente da quitanda foi só uma escaramuça numa guerra mais ampla. Não é preciso acreditar na verdade da doutrina para reconhecer que, como uma grande obra de arte, a história cristã capta a realidade da nossa experiência. De fato, pode-se argumentar que ela se desenvolveu ao longo dos séculos precisamente para dar conta da condição humana. Hoje em dia é mais provável haver discussões sobre versões conflitantes da exposição científica da natureza humana do que sobre explicações teológicas, mas os fatos com que lidamos continuam os mesmos: nossa própria experiência da misteriosa complexidade do ser humano. Não é por acaso que, desde o início da história registrada, as nossas ficções têm tratado das nossas lutas com o sexo e a violência, a crueldade e a ambição, harmonia e perda. Esses ainda são temas dos filmes que lotam os cinemas e dos livros que disparam nas listas de mais vendidos. A arte — em que incluo a religião porque, seja mais o que for, é decerto uma obra da imaginação humana — segura um espelho diante da humanidade, e o que vemos nele deve nos incomodar profundamente.

Na canção da redenção do cristianismo, o pastor sempre começava mostrando o mesmo espelho à humanidade: isto é quem vocês são, afirmava ele; olhem para si mesmos divididos entre seus impulsos mais baixos e mais elevados, sendo puxados pelo monstro e pelo santo. Os antigos pregadores descreviam com nitidez as consequências temporais dos nossos atos — relacionamentos desfeitos, vidas destruídas, civilizações corrompidas. Também atiçavam as chamas do inferno para nos assustar e nos levar ao arrependimento: se o bom senso não conseguia fazer com que mudássemos de hábitos, então talvez o medo conseguisse fazê-lo. Era no momento da abjeção total, quando reconhecíamos a verdade a nosso respeito, que nos faziam a oferta de redenção: mude de comportamento, passe do mal para o bem, das trevas para a luz, que Deus o salvará. Tem havido muitas variações seculares dessa antiga cantoria. A mais marcante na história recente foi a campanha do governo da Inglaterra nos primórdios da pandemia de aids para alertar aos grupos vulneráveis acerca dos riscos do sexo sem proteção. A versão mais marcante nos dias de hoje provém do movimento verde, que nos adverte acerca da nossa ambiciosa indiferença à saúde do planeta, que está destruindo nosso próprio *habitat*. Para muitos, já é tarde demais para reabilitar o nosso comportamento: o juízo se aproxima como o mar que transborda e as chamas intensas. É o antigo cântico adornado com novos temas, a velha história enfeitada com novos personagens; mas a figura trágica central continua a mesma: Adão, a humanidade, nós.

Este livro é a minha versão da velha canção de redenção — menos a expectativa do resgate sobrenatural: se não conseguirmos nos redimir, então ninguém mais o fará por nós. Eu também estou segurando um espelho para olharmos, e sei muito bem a feiura que ele reflete. Porém a sabedoria, tanto antiga quanto moderna, reconhece que, se os seres humanos quiserem mudar de comportamento, têm de tomar conhecimento da realidade de sua condição: como dizemos hoje em dia, não podem continuar "em denegação". Este é um livro sobre a condição humana, portanto trata de um ser paradoxal: um animal moral, uma criatura evoluída que se tornou objeto de interesse para si mesmo, um conjunto ambulante de impulsos e necessidades que está, contudo, capacitado para a reflexão e a piedade.

O livro consiste em três partes, cada seção uma meditação sobre algum aspecto dessa turbulenta complexidade. A Parte I explora o horrível fato da crueldade humana e da realidade do mal. O que há no animal humano que o faz voltar-se de maneira tão abominável contra a própria espécie? Na luta com essa questão, examino alguns exemplos impressionantes de crueldade humana, tais como a prática sistemática de tortura. O alarmante é que a tortura reapareceu de maneira requintada nos nossos dias. Mas não somos cruéis apenas uns com os outros, somos monstruosamente cruéis com as outras criaturas com que compartilhamos o planeta. O que há de pernicioso na crueldade com os animais, especialmente contra aqueles de quem dependemos para nos alimentar, é que, embora sua finalidade seja manter os supermercados abastecidos com comida barata, em grande parte fica escondida de nós. Não é de admirar que alguns poetas achem que a crise ambiental é o modo como a Terra está se livrando dos seres humanos que distorceram seus ritmos e destruíram seus equilíbrios de maneira brutal.

A Parte II tenta descobrir por que os seres humanos são os únicos propensos a esse tipo de ambição e sadismo desequilibrados. Será por que o nosso grande cérebro é tanto uma bênção quanto uma maldição? Bênção porque produziu a extraordinária riqueza da cultura humana; maldição porque nos persuadiu de sua exclusividade. Perante a morte, a nossa consciência avançada acha difícil crer na nossa própria finitude e transitoriedade; a consequência disso é que concedemos a nós mesmos o status de mestres de toda a ordem criada. Não obstante, somos inseguros acerca de quem somos, de onde viemos e para onde vamos: e foi dessas incertezas que nasceram e se desenvolveram as nossas reações religiosas e intelectuais à vida.

Na Parte III, começa-se a ouvir uma nota de esperança, fraca porém invencível. Embora a história humana seja um registro de crueldade e loucura, também é uma estonteante conquista no modo como a nossa imaginação tem representado e interpretado o mundo para nós. A arte, à sua própria maneira, pode não ser redentora, mas tem o poder de nos desafiar e nos incitar à gratidão; e a gratidão, assim como a piedade, é um antídoto contra a nossa crueldade endêmica. Mas a arte não é a única possibilidade redentora presente no mundo. O mistério do mal pode ser um aspecto duradouro da história da humanidade; porém assim é o mistério da bondade: o santo é uma personalidade tão forte na narrativa humana quanto o monstro. Assim como tudo o mais que inventamos, a religião tem sido usada para o mal, chegando ao ponto em que certos pensadores seculares a identificam como raiz de todo o mal. Sem amenizar os elementos válidos dessa acusação, o paradoxo da religião é que seus mitos e metáforas também nos oferecem algumas das mais profundas descobertas acerca da nossa própria condição. Usada com parcimônia e devidamente compreendida, a religião ainda tem muito a oferecer a uma humanidade que está tentando salvar-se de si mesma.

É famosa a observação de Karl Marx de que os filósofos só interpretam o mundo, mas a questão era mudar o mundo. Concordo com ele nesse aspecto, mas a própria mudança precisa de interpretação. O nome de Marx será eternamente associado à tentativa de transformar o mundo que se tornou monstruoso em sua crueldade. Os planos de redenção universal, quer religiosos, quer políticos, invariavelmente terminam em crueldade: para nos impor seus programas, têm de agir contrariamente à natureza humana, e fazer o possível para se livrarem da piedade. Já que a crueldade é a maldição humana, e por ser sempre ampliada pela multidão, as três seções deste livro vão, gradualmente, se transformando em um único tema que se opõe ao pensamento e à ação grupal. Além de acreditar que não podemos viver sem piedade, também creio que só ela pode nos salvar. A piedade pode ser apenas fraqueza para o monstro, porém, é a única força do santo.

I
FORÇA X

1
Monstro

[...] *mostrava-nos o que é o mal, não, como pensávamos,*
atos a serem punidos, mas a falta de fé,
nossa desonesta negação,
a concupiscência do opressor.

W.H. AUDEN

Das muitas iluminações da arte, uma das mais importantes é o modo como ela nos ajuda a perceber que não estamos sozinhos nas nossas batalhas e confusões: outros também passaram por isso e, às vezes, é bom ler a respeito do que as pessoas viveram. A minha experiência na infância no depósito dos fundos da quitanda deixou uma mancha na minha memória. Os eventos do passado despertaram uma lembrança mais incômoda em Blake Morrison, conforme ele recorda no livro *As If*, no qual explora os eventos que cercaram o assassinato do pequeno James Bulger em 1993. Enquanto ele estava fora de casa, fazendo a cobertura do julgamento, teve pesadelos, um dos quais era diferente dos outros:

Não é acordar e lembrar-se de algo ruim da véspera. É acordar e lembrar-se exatamente do fato ruim, embora tenha acontecido um quarto de século antes. Ontem deve ter disparado isso, bem como a culpa que eu já esquecera havia muito tempo. Pó, camundongos, lustra-móveis, sêmen, água sanitária.

O sonho o transporta de volta a 1967, quando estava com 14 anos de idade, a uma festa na casa de Lucy Kerrigan, cujos pais tinham ido passar a noite fora:

> Na cozinha (...) Vejo Mick Turner dando uns amassos em Lucy, depois começando a conversar com o amigo Pat Connolly sobre Burnley (o time de futebol) como se o beijo não tivesse acontecido ou como se tivesse acontecido com outra pessoa. Lucy fica ali, beatífica, com uma garrafa de Babycham. Ela e Mick se beijam mais, perto do armário sob a escada, depois ele abre a porta e a puxa para dentro (...) Mick sai do armário de vassouras recompondo a roupa e acena afirmativamente com a cabeça para Pat, que toma seu lugar (...) Dois minutos depois, Pat sai. "Vai, cara, entra ali", diz ele (...) Fecho a porta por trás de mim e sinto cheiro de poeira, camundongos, perfume, naftalina, cidra, lustra-móveis, sêmen, água sanitária. Lucy está gemendo encostada nos cabides. Estende os braços e me puxa para seu beijo de maçã verde.[1]

Ele a beija, acaricia, apalpa, mas resolve não ir até o fim. Sai do armário; pega uma bebida; outro toma seu lugar. Mais tarde, enjoada, dolorida, chorando, Lucy conta às amigas que sete rapazes fizeram sexo com ela no armário de vassouras. Há indignação entre as amigas, mas ninguém jamais fez queixa. A não ser agora, 25 anos depois, contra Blake Morrison, pela própria consciência. De onde viera aquele estupro adolescente? O que deu neles? A recordação de Morrison é de um acontecimento muito mais sério do que aquele de que se lembrava, mas aquele incidente horrível no depósito dos fundos da quitanda pode ser considerado o primeiro quilômetro de uma estrada que se estende até bem longe na distância moral; e sabemos, segundo a história recente, bem como a antiga, como é a outra ponta dessa estrada. Ela vai das bolinações furtivas ao estupro organizado e sistematizado de mulheres, pois os homens são possuídos por uma força que transforma suas vítimas em objetos degradados.

Já que as mulheres têm sido as principais vítimas desse tipo de degradação ao longo dos séculos, não é de surpreender que tenham pensado nisso de maneira mais aprofundada que os homens. Ao explorar as forças que provocam tal comportamento, quero lançar mão dos escritos de seis mulheres, começando com um notável ensaio de Simone Weil sobre a *Ilíada*, que ela intitulou "Poema da força". Por meio de uma investigação da visão trágica de Homero, Weil afirma que os seres humanos estão à mercê de uma energia que brinca com eles do modo como o gato brinca com um ratinho. É assim que ela descreve:

> Para definir a força — é aquele X que transforma em coisa qualquer um que se submeta a ela. Exercitada até o limite, transforma o homem numa coisa no sentido mais literal:

transforma-o num cadáver. Havia alguém ali e, no minuto seguinte, não há absolutamente ninguém; é um espetáculo que a *Ilíada* jamais se cansa de nos mostrar.[2]

Mais tarde tentarei dizer algo sobre a origem desse X, mas se o encararmos como qualquer compulsão que transforma em coisas aqueles que se submetem a ele, então é óbvio que a sexualidade humana é uma de suas mais potentes modalidades, vista em sua forma mais reificante no estupro. Não há dúvidas de que considerar as mulheres objetos sexuais é um aspecto predominante da heterossexualidade masculina, e há poucos homens que não provaram de seu poder perturbador. É difícil resistir ao impulso, e é por isso que "vigiar os olhos" é um tema tão forte nas tentativas da religião de conter a sexualidade masculina; e é por isso que cobrir e descobrir o corpo feminino em público continua a inquietar algumas autoridades religiosas.

Um dos estudos mais interessantes da força da sexualidade masculina é o livro *Intercourse* de Andrea Dworkin. A epígrafe do livro demonstra de imediato a honestidade do método: "Ele não perdeu tempo, tirou o cinto e disse: 'Quero atravessá-la como se fosse manteiga.'"[3] Da epígrafe à última página somos obrigados a enfrentar a implacável força da sexualidade masculina, que Dworkin reduz a sua essência fundamental como "a foda". É significativo o fato de que ela chama a primeira parte do livro de "A relação sexual num mundo feito pelos homens". Ela reconhece que o próprio homem está preocupado com o modo como pode ser dominado pela força do sexo e tornar-se vítima dos próprios desejos; mas ela sabe que a mulher tem sido a principal vítima de um mundo criado, em parte, para expressar e, em parte, para controlar o impulso sexual masculino. O sistema que instituiu o domínio masculino não se baseou só em força bruta, mas na autoridade jurídica e religiosa. Embora a intenção fosse instituir a autoridade dos homens sobre as mulheres, também visava evitar que os homens destruíssem os próprios privilégios em razão de excessos. Implícito nas estruturas que definem o mundo feito pelos homens está o reconhecimento de que a força da sexualidade pode dominar os dominadores e ameaçar o equilíbrio do controle masculino. Os homens que participaram do assédio sexual àquela mulher nos fundos da quitanda, e os rapazes que estupraram Lucy no armário sob a escada na própria casa dela, eram todos dominadores que estavam sob o domínio da força imperiosa da sexualidade. É a história mais antiga que há: o homem, sempre figura de autoridade na política ou na religião, que se rebaixa em razão da incapacidade de controlar um acesso súbito de desejo sexual, que ocorre no lugar errado, na hora errada, com a pessoa errada.

Dworkin traça variações desse círculo vicioso ao longo de todo o livro. Uma das muitas riquezas de *Intercourse* são as leituras profundas que a autora faz de outros textos. No capítulo 2, "Skinless", ela explora o romance de Kobo Abe, *The Woman in the Dunes*, em que um homem perdido nas dunas de areia fica preso com uma mulher num buraco fundo. É mantido prisioneiro para limpar a areia e fazer sexo com a mulher. A areia significa o sufocamento, qualidade envolvente que a necessidade de sexo com uma mulher pode ter para o homem. Também dá conta da antiga ambivalência masculina com relação às mulheres, uma ambivalência que pode facilmente transformar-se em ódio, que, por sua vez, pode tornar-se uma fonte pervertida de prazer, em que os homens usam o sexo para humilhar e degradar as mulheres. Quando isso acontece, assim como a força impessoal da própria natureza, os homens agem sem qualquer sentimento de solidariedade humana. Dworkin escreve:

> A areia de *The Woman in the Dunes* é a própria vida com sua esmagadora falta de consideração pela personalidade, pela justiça, pela razão, ou pelas defesas construídas contra seu fluxo incessante e amorfo: a vida, aqui, é precisamente idêntica à sexualidade, também esmagadora, amorfa, disforme, impiedosa. (...) Levado pela vida e pelo sexo rumo à morte, o ser humano vive a sensação de ser empurrado até ser esmagado.[4]

A metáfora da areia envolvente atinge nossas mais profundas ansiedades acerca do poder que o sexo exerce sobre nós. É a fragilidade do nosso próprio autocontrole perante a implacável força da natureza, bem como a nossa ambivalência com relação a ela, que mais nos perturba. Uma parte de nós quer se render a essa força irresistível, ao passo que algo mais em nós fica horrorizado com sua indiferença e tenta lutar contra ela, derrotá-la, comandá-la.

De onde esse X extrai sua força? Simone Weil nos dá um indício em sua análise da violência, a outra grande força que reduz a coisa aqueles que se sujeitam a ela. A violência é o tema da *Ilíada*. Ela escreve:

Brota da sujeição do espírito humano à força, isto é, em última análise, à matéria. Essa sujeição é a parte em comum, embora cada espírito a pratique de maneiras diferentes, em proporção a sua própria virtude. Ninguém na *Ilíada* é poupado por ela, assim como ninguém na Terra.[5]

A palavra digna de nota aqui é *matéria*. "Brota da sujeição do espírito humano à força, isto é, em última análise, à *matéria*." Isso se aproxima da metáfora da areia de Dworkin: "a densidade da areia em eterno movimento, amorfa: que é a vida e suas inevitáveis, maciças, incompreensíveis brutalidades; que é o sexo, com (...) suas exigências onipresentes, incorrigíveis, maciças".[6] Se quisermos alcançar alguma compreensão útil da condição humana, temos de começar pelo reconhecimento de que somos todos subordinados à atração gravitacional de um universo que é indiferente às criaturas que estão sujeitas a seus impulsos sem remorsos. Somos lançados numa existência cujos motivos estamos apenas começando a entender.

O pensamento científico atual afirma que o nosso universo teve um início: não existia nada; depois, em um instante, existia algo. O evento iniciador é enganosamente chamado de Big Bang, que sugere uma explosão inicial, porém a realidade parece ter sido uma expansão inacreditavelmente rápida, mais semelhante a encher um balão do que explodir um foguete. De onde veio, porém? A mente humana é incapaz de abandonar a pesquisa das causas, e como os cientistas não conseguem enxergar por trás desse evento originário, oferecem um mito transicional, que pediram emprestado à matemática, para preencher a lacuna. Já que não existia um "lá" antes do Big Bang, dizem que há cerca de 14 bilhões de anos o universo passou a existir, em decorrência de uma "singularidade". As singularidades são incógnitas que desafiam o atual entendimento da física: são coisinhas infinitamente pequenas, infinitamente densas, da quais tudo surgiu. Somos um resíduo remoto daquele mistério originário. Embora não consigamos ir além do primeiro alento do universo em expansão, nem entender que força começou a soprar o balão, sabemos muito sobre o que aconteceu desde então. Sabemos que existia matéria inanimada bilhões de anos antes do surgimento da animada, mas que em algum ponto a vida foi despertada na matéria inerte pela aplicação sobre ela de uma força que ainda somos incapazes de imaginar. Em 1953, James D. Watson e Francis Crick descobriram o DNA, uma molécula que armazena vastas quantidades de informações codificadas — nossos genes — e se multiplica para criar novas células carregadas com as mesmas informações e com capacidade de automultiplicação. Esse processo é o milagre da vida. Acredita-se que o primeiro gene apareceu há mais de 3,5 bilhões de anos nos mares salinos sem vida do jovem planeta Terra. Os cientistas especulam que uma combinação de poderosas forças naturais, como a luz do Sol, o calor geotérmico, a radioatividade e os relâmpagos, produziu os choques essenciais de energia que viabilizaram as reações químicas. Qualquer que seja a nossa explicação, a energia sísmica dessa força ainda nos perpassa ao impulsionar todas as formas de vida do planeta, e é imperiosamente indiferente a nós e aos nossos valores.

A força que pela mecha verde instiga a flor
Instiga meus verdes anos; a que detona a raiz das árvores
É a mesma que me devasta.[7]

Schopenhauer chegou a dizer que a natureza travava uma guerra contra os humanos, porque não conhecia moralidade nenhuma, a não ser sua própria vontade de viver e se reproduzir.[8] É mais tirânica no impulso reprodutor, o sexo, onde consegue extinguir não só a solidariedade humana, mas também a racionalidade. Mas provavelmente a vemos em sua forma mais aterrorizante em batalhas. Eis Simone Weil, mais uma vez:

> As batalhas são travadas e decididas por homens (...) que passaram por uma transformação, que caíram ao nível da matéria inerte, que é pura passividade, ou ao nível da força cega, que é puro momentum (...) seja qual for a sua causa, essa qualidade petrificadora da força, sempre dupla, é essencial a sua natureza. (...) Seu poder de converter o homem em coisa é duplo, e sua aplicação também tem dois lados. No mesmo grau, embora em maneiras diversas, aqueles que o usam e aqueles que o suportam se transformam em pedra.[9]

É no contexto dessas energias sem remorsos que a humanidade vem lutando por espaço para inserir ordem e bondade em sua vida. Inibida pelo cérebro evoluidíssimo, proveniente de uma vida sem constrangimentos, totalmente dominada pelos instintos, a humanidade teve de cavar um doloroso meio-termo para si mesma, trocando, assim, todo o ardor da expressão instintiva pela cortesia do bem social. Esse meio-termo costuma ser definido como "civilização" e é sempre precário, porque a transação desconfortável em que se baseia não é assim tão fácil para todos. O termo abreviado que denomina aqueles que recusam os meios-termos da solidariedade humana é "mal", que é definido como a humanidade se voltando contra si mesma.[10]

Há duas teorias fundamentais no tocante à origem do mal. A perspectiva situacional afirma que os indivíduos se voltam contra a sociedade em razão de vivências violentas na mais tenra infância, que os envergonharam e degradaram. Crianças que absorveram o trauma nos primeiros anos de vida precisam fechar-se emocionalmente para se proteger. A passagem de vítima a agressor lhes restitui o amor-próprio perdido na infância, enquanto sua frigidez emocional as anestesia contra qualquer solidariedade que possam sentir por seus alvos. Em seu estudo da violência, J. Gilligan escreve:

> Os presidiários com quem trabalho me diziam repetidamente, quando eu lhes perguntava por que tinham agredido alguém, que era porque "ele me desrespeitou", ou "ele desrespeitou a minha visita". A palavra desrespeito é tão central no vocabulário, no sistema de valores morais e na psicodinâmica desses homens cronicamente violentos, que eles a abreviaram numa gíria: "he dis'ed me"[11] [em inglês, algo semelhante ao que seria "ele me destou"].

A outra perspectiva acerca do caráter maligno afirma que ele não pode ser simplesmente consequência de um trauma de infância, pois a maioria dos que sofreram na infância não se tornam monstros. Temos o livre-arbítrio. Os que escolhem o mal são responsáveis pelas escolhas que fazem, pelos caminhos que trilham. Afinal, é possível optar por não fazer o mal. A questão é, obviamente, mais complexa do que uma simples escolha entre essas duas teorias. Embora seja verdade que aqueles que ficaram traumatizados quando jovens têm mais probabilidade de cair num padrão de repetição da agressão que sofreram (assim como aqueles que foram amados têm mais probabilidade de amar os semelhantes mais tarde), aquilo em que os indivíduos se tornam depende de inúmeros fatores imprevisíveis. Um fator especialmente forte é saber se foram "educados com violência"; um mais esperançoso é se passaram por boas experiências que anularam a humilhação que sofreram e ajudaram a restituir sua percepção de identidade. Os que se tornam agressores têm probabilidade de ter incentivo direto ou indireto para a violência.

No livro, *A Human Being Died that Night*, Pumla Gobodo-Madikizela narra suas reações perturbadas às horas que passou entrevistando Eugene de Kock, o principal assassino contratado pelo governo na época do apartheid na África do Sul. Apelidado de "Prime Evil" pelos meios de comunicação, De Kock era o comandante do grupo de contrainsurgência Vlakplaas, que executou dezenas de adversários do governo do apartheid. Ganhou destaque na época da Comissão da Verdade e da Reconciliação, quando deu informações pormenorizadas sobre a morte de ativistas. Foi condenado a 212 anos de prisão por crimes contra a humanidade.

A infância de Eugene de Kock foi marcada pelo abuso emocional nas mãos de um pai brutal e alcoólatra, que também maltratava a esposa. Um modo de explicar o comportamento violento dele é considerá-lo vingança dos sofrimentos da infância. Contudo, assim como com todo comportamento obsessivo, suas agressões constantes não conseguiam aliviar as necessidades internas que o impulsionavam. Este é um exemplo do que Simone Weil descreveu como qualidade petrificadora da força: tanto quem a usa quanto quem a recebe se transformam em pedra.

É reconfortante considerar De Kock e gente como ele casos extremos, animais feridos prontos a atacar quando chega a hora. O desconcertante é a descoberta de que gente "boa", sem trauma no passado, também é capaz de colaborar com a crueldade e gostar do espetáculo de grande crueldade. Por isso é digna de nota uma definição mais completa do mal dada por Philip Zimbardo: "O mal consiste em comportar-se intencionalmente de maneiras que prejudiquem, ofendam, diminuam, desumanizem ou destruam inocentes — *ou usar da autoridade e do poder sistêmico para incentivar ou permitir que outros o façam em seu nome* [grifo meu]."[12]

Mesmo que acreditemos na supremacia da responsabilidade pessoal, é óbvio que o contexto social pode facilmente se sobrepor à moralidade do indivíduo. Zimbardo chama esse fenômeno de "força situacional", que é outro modo de dizer "acompanhar a maioria", algo de que muitos somos culpados, mesmo que seja só um fraco apoio aos preconceitos intolerantes daqueles com quem temos alguma dívida de gratidão. Zimbardo escreve: "Um grande número de indícios expostos pela psicologia social dão apoio à ideia de que o poder situacional triunfa sobre o poder individual em dados contextos."[13] Isso quer dizer que, enquanto, individualmente, talvez não tenhamos estômago para uma vida de violência, podemos, com facilidade, nos tornar cúmplices de violências praticadas no nosso nome. Tratarei desse tema mais adiante, mas quero tocar agora num lado ainda mais feio do vício humano da violência. Não é por acidente que os críticos e os comentadores liguem com frequência o sexo e a violência, como se fossem um único fenômeno, *sexoeviolência*. Isso é mais que o reconhecimento de que são ambas forças primais da natureza, da natureza humana inclusive. É reconhecer que ambas têm carga erótica, equipada com a possibilidade de dar prazer ao participante e ao observador, descritos por Auden como "a concupiscência do opressor". Nietzsche foi o psicólogo que explorou essa área com visão mais penetrante. Na *Genealogia da moral*, ele discorre sobre a origem da fremência de punir.

> Perguntando de novo: até que ponto o sofrimento consegue equilibrar as dívidas ou a culpa? Até o ponto em que fazer sofrer fosse prazeroso no mais alto grau, até o ponto em que a parte prejudicada pela perda que sustentara, inclusive o desprazer causado pela perda, um prazer extraordinário a contrabalançar: o de fazer sofrer — uma genuína festa (...) Ver outros sofrerem faz bem; fazer outros sofrerem, ainda mais: é um princípio difícil de se enunciar, mas antigo, poderoso, humano, demasiado humano (...) Sem crueldade não há festa: é o que ensina a parte mais longa e mais antiga da história humana — e na punição há muito de festivo.[14]

As possibilidades eróticas do teatro da crueldade pública são exploradas pela humanidade há séculos, chegando mesmo aos atuais "reality shows" da televisão. Somos gênios na manufatura de programas de tortura e execução, criados para entreter e também conter o público. Antes da proibição, os ingressos para assistir às execuções públicas eram tão procurados quanto os ingressos de filmes violentos nos dias de hoje. Uma das mais comemoradas execuções da história aconteceu em Paris em 1757, testemunhada por uma multidão, algumas pessoas com lugares de luxo fornecidos a representantes do governo e do clero. Sabemos que Casanova estava presente e que diversas vezes teve de virar o rosto e tampar os ouvidos porque o espetáculo era chocante demais. Robert-François Damiens, um soldado francês, tentara assassinar o rei Luís XV com uma punhalada quando entrou na carruagem em Versalhes. Embora a tentativa tenha fracassado, foi condenado por crime de lesa-majestade e parricídio. A pena foi execução por meio de uma forma de tortura chamada *amende honorable* [que era uma retratação pública]. A história preservou o relato de uma testemunha ocular sobre o que aconteceu:

> Em 2 de março de 1757, Damiens, o regicida, fora condenado "à execução por *amende honorable*, a pedir perdão publicamente diante da porta principal da Igreja de Paris" aonde devia ser "levado e acompanhado numa carroça, usando apenas uma camisola, carregando uma tocha de cera acesa de duas libras"; em seguida, "na dita carroça, na praça de Grève, e sobre um patíbulo que ali será erguido, atenazado nos mamilos, braços, coxas e barrigas das pernas, sua mão direita segurando a faca com que cometeu o dito parricídio, queimada com fogo de enxofre, e às partes em que será atenazado se aplicarão chumbo derretido, óleo fervente, piche

em fogo, cera e enxofre derretidos conjuntamente, e a seguir seu corpo será puxado e desmembrado por quatro cavalos, e seus membros e corpo consumidos ao fogo, reduzidos a cinzas, e suas cinzas lançadas ao vento."

O comissário de polícia Bouton relata: "Acendeu-se o enxofre, mas o fogo era tão fraco que só queimou a superfície da pele da mão, e apenas levemente. Depois, um executor, de mangas arregaçadas acima dos cotovelos, tomou umas tenazes de aço preparadas *ad hoc*, medindo cerca de 46 centímetros de comprimento, atenazou-lhe primeiro a barriga da perna direita, depois a coxa, daí passando às duas partes mais carnudas do braço direito; em seguida os mamilos. Este executor, ainda que forte e robusto, teve grande dificuldade em arrancar os pedaços de carne que tirava em suas tenazes duas ou três vezes do mesmo lado ao torcer, e o que ele arrancava formava em cada parte uma chaga do tamanho de um escudo de seis libras.

"Depois desses suplícios, Damiens, que gritava muito sem contudo blasfemar, levantava a cabeça e se olhava; o mesmo carrasco tirou com uma colher de ferro do caldeirão daquela droga fervente e derramou-a fartamente sobre cada ferida. Em seguida, com cordas menores se ataram as cordas destinadas a atrelar os cavalos, sendo estes atrelados a seguir a cada membro ao longo das coxas, das pernas e dos braços (...) Os cavalos deram uma arrancada, puxando cada qual um membro em linha reta, cada cavalo segurado por um carrasco. Um quarto de hora mais tarde, a mesma cerimônia, e enfim, após várias tentativas, foi necessário fazer os cavalos puxarem da seguinte forma: os do braço direito à cabeça, os das coxas voltando para o lado dos braços, fazendo-lhe romper os braços nas juntas. Esses arrancos foram repetidos várias vezes, sem resultado. Ele levantava a cabeça e se olhava. Foi necessário colocar dois cavalos, diante dos atrelados às coxas, totalizando seis cavalos. Sem sucesso.

"Enfim o carrasco Samson foi dizer ao senhor Le Breton que não havia meio nem esperança de se conseguir e lhe disse que perguntasse às autoridades se desejavam que ele fosse cortado em pedaços. O senhor Le Breton, de volta da cidade, deu ordem que se fizessem novos esforços, o que foi feito; mas os cavalos empacaram e um dos atrelados às coxas caiu na laje. Tendo voltado os confessores, falaram-lhe outra vez. Dizia-lhes ele (ouvi-o falar): 'Beijem-me, reverendos.' O senhor cura de Saint-Paul não teve coragem, mas o de Marsilly passou por baixo da corda do braço esquerdo e beijou-o na testa. Os carrascos se reuniram, e Damiens dizia-lhes que não blasfemassem, que cumprissem seu ofício, pois não lhes queria mal por isso; rogava-lhes que orassem a Deus por ele e recomendava ao cura de Saint-Paul que rezasse por ele na primeira missa.

"Depois de duas ou três tentativas, o carrasco Samson e o que lhe havia atenazado tiraram cada qual do bolso uma faca e lhe cortaram as coxas na junção com o tronco do corpo; os quatro cavalos, colocando toda força, levaram-lhe as duas coxas de arrasto, isto é: a do lado direito por primeiro, e depois a outra; a seguir fizeram o mesmo com os braços, com as espáduas e axilas e as quatro partes; foi preciso cortar as carnes até quase aos ossos; os cavalos, puxando com toda força, arrebataram-lhe o braço direito primeiro e depois o outro.

"Uma vez retiradas essas quatro partes, desceram os confessores para lhe falar; mas o carrasco informou-lhes que ele estava morto, embora, na verdade, eu visse que o homem se agitava, mexendo o maxilar inferior como se falasse. Um dos carrascos chegou mesmo a dizer pouco depois que, assim que eles levantaram o tronco para o lançar na fogueira, ele ainda estava vivo. Os quatro membros, uma vez soltos das cordas dos cavalos, foram lançados numa fogueira preparada no local sito em linha reta do patíbulo, depois o tronco e o resto foram cobertos de achas e gravetos de lenha, e se pôs fogo à palha ajuntada a essa lenha.

"Em cumprimento da sentença, tudo foi reduzido a cinzas. O último pedaço encontrado nas brasas só acabou de se consumir às dez e meia da noite. Os pedaços de carne e o tronco permaneceram cerca de quatro horas ardendo[...]"[15]

Dois detalhes dessa descrição partem o coração. Contorcendo-se em agonia no patíbulo, Damiens pediu aos confessores que o beijassem. Embora o cura de São Paulo recusasse essa obrigação de misericórdia, Monsieur de Marsilly abaixou-se sob a corda e beijou-o na testa. O outro detalhe arrasador é quando Bouton nos conta que Damiens ergueu a cabeça duas vezes para olhar para si mesmo enquanto seu corpo era desmembrado. É difícil imaginar esse olhar; ainda mais difícil de compreender. Seria um olhar de incredulidade? Um olhar de despedida? A *amende honorable* era tão horripilante que foi proibida em 1791. Mas a tortura jamais desapareceu da face da Terra e voltou a reaparecer de maneira impressionante nos nossos próprios dias. O difícil de admitir é que, nas circunstâncias certas, a maioria de nós é capaz de participar dela. Isso ficou provado pela famosa experiência da obediência realizada pelo psicólogo social Stanley Milgram em 1963, em que incentivavam as pessoas a "eletrocutar" colegas para punir um erro. Milgram fez essa experiência porque queria entender como tantos "bons" alemães se envolveram no assassinato de milhões de judeus.

> Em vez de procurar tendências de disposição na personalidade nacional alemã que explicassem o mal desse genocídio, ele acreditava que características da situação tinham um papel fundamental; essa obediência à autoridade era um "gatilho tóxico" dos assassinatos perversos. Depois de concluir a pesquisa, Milgram estendeu suas conclusões científicas a uma previsão impressionante acerca do poder traiçoeiro e penetrante da obediência de transformar cidadãos americanos comuns em pessoal de campos nazistas de extermínio: "Se criassem um sistema de campos de extermínio nos Estados Unidos, do tipo que vimos na Alemanha nazista, seria possível encontrar empregados para esses campos em qualquer cidade americana de tamanho médio".[16]

A história da guerra dos EUA contra o terrorismo ilustra a notável presciência da observação de Milgram. A aprovação da tortura pelos líderes do governo dos Estados Unidos está tão bem documentada quanto a própria prática. Indagado durante uma entrevista de rádio se era favorável à prática de "enfiar a cabeça na água" usada nos interrogatórios de terroristas detidos, o vice-presidente Cheney disse que sim, declarando que, pelo que lhe concerne, é uma pergunta "bem fácil" de responder.[17] O ato tão comum de "mergulhar a cabeça na água" é, na verdade, uma técnica de tortura antiga e eficaz, chamada "afogamento simulado". Era usada como técnica de interrogatório durante a Inquisição italiana no século XVI, mas seu uso mais notório na história recente — até a Guerra do Iraque — foi durante o infame regime do Khmer Vermelho no Camboja na década de 1970. Em um artigo sobre o assunto, a jornalista americana Julia Layton descreveu a técnica:

> O afogamento simulado, conforme atualmente descrito, consiste em amarrar a pessoa a uma tábua inclinada, com os pés erguidos e a cabeça baixa. Os interrogadores prendem os braços e as pernas da pessoa para que não consiga se mover, e lhe cobrem o rosto. Em algumas descrições, a pessoa fica amordaçada e cobrem-lhe o nariz e a boca com algum tipo de pano; em outras, o rosto fica embrulhado com papel celofane. O interrogador, então, derrama água diversas vezes no rosto da pessoa. Dependendo do método aplicado, a água pode ou não entrar na boca e no nariz da pessoa; mas parece que a experiência física de estar embaixo de uma onda de água é secundária à psicológica. A pessoa imagina que está afundando e o reflexo da mordaça a faz pensar que está se afogando com toda aquela água que lhe cai no rosto.[18]

A prática de tortura como o afogamento simulado empregada pelos EUA vem seguindo um padrão bem definido. Segundo John Gray, as forças armadas americanas vinham na sequência de um caminho bem conhecido. A Rússia usou métodos de tortura na Chechênia; os franceses o fizeram na Argélia; e os ingleses, no Quênia. Mas a técnica americana moderna é diferente da empregada nesses precedentes históricos, nos quais infligir dores físicas fortíssimas era o principal ingrediente. No Iraque, bem como em sua rede de centros de detenção espalhados pelo mundo, os interrogadores americanos têm usado a pressão psicológica, inclusive a humilhação sexual, arma potentíssima quando se trata de uma cultura como a muçulmana. Segundo Gray, com o uso dessas técnicas, os EUA imprimiram uma imagem indelével da depravação americana na população do Iraque e garantiram que nenhum regime apoiado pelos Estados Unidos venha a conquistar legitimidade.[19]

"Getting Away with Torture" é o título deprimente do relatório da Human Rights Watch sobre os abusos, as torturas e o assassinato de prisioneiros praticados por militares e civis americanos após o 11 de Setembro. Embora os membros menos graduados do regime militar da prisão de Abu Ghraib no Iraque tenham sido julgados e condenados — as sete "maçãs podres" do presidente Bush em um barril militar que deveria ser imaculado —, nenhum dos arquitetos do sistema foi chamado a responder perante a justiça. Esta é a conclusão do relatório:

> Ficou claro que houve tortura e abuso, não só em Abu Ghraib, mas em dezenas de prisões do mundo inteiro, que em muitos casos o abuso resultou em morte ou trauma grave, e que um bom número de vítimas era de civis sem ligação nenhuma com a al-Qaeda nem com o terrorismo. Também há indícios de abuso em "locais secretos" controlados no exterior e de autoridades que enviavam suspeitos para masmorras em outros países do mundo, onde era provável que viesse a haver tortura. Até o momento, os únicos malfeitores

que responderam perante a justiça foram os da base da cadeia de comando. Os indícios exigem mais. Não obstante, os arquitetos das políticas responsáveis pela maior parte dos abusos estão cercados por um muro de impunidade.[20]

Entre os "arquitetos", Philip Zimbardo cita o presidente Bush, o vice-presidente Cheney e Donald Rumsfeld.

Os excessos de ambos os lados da Guerra ao Terror, assim como os excessos da Alemanha nazista, revelam como é fácil, quando as circunstâncias são apropriadas, a obediência à autoridade despertar a tendência humana, demasiado humana, de praticar violências inenarráveis em pessoas sem nenhum trauma em especial no passado. Poderíamos até dizer que gente "boa" que se oferece para praticar o mal é mais culpada que aqueles cujo trauma de infância os predispôs à agressão violenta. Significativamente, a obediência à autoridade é considerada uma virtude, tanto na religião quanto nas forças armadas, e ambas se empenham muito por instilá-la em seus membros.

No caso das forças armadas, a lógica, por mais inquietante que seja, é óbvia. O exército disciplinado exige que os soldados abram mão da individualidade em nome da missão do grupo. A diferença entre os soldados treinados e uma corja indisciplinada é que os profissionais trabalham dentro de um grupo para alcançar um objetivo e se submetem à disciplina de um objetivo em comum, ao passo que a corja é uma massa rude que tanto pode fugir quanto brigar. Não obstante, a obediência à autoridade tem um lado sombrio, e a história nos oferece muitos exemplos de atrocidades cometidas por homens que declaravam estar apenas cumprindo ordens. O hábito da obediência, profundamente arraigado, pode destruir a autonomia moral e racional do indivíduo; é uma doença espiritual que prevalece entre os adeptos de certas religiões. Embora a obediência possa ser taticamente útil para se alcançar fins temporais limitados, é aniquiladora quando se torna padrão de postura moral e intelectual. Quando isso acontece, coloca a autoridade institucional acima da verdade e, então, a verdade já não é mais o fato, mas o que a autoridade afirma ser. Quando o papa Urbano VIII condenou a declaração de Galileu de que o Sol era imóvel e que a Terra girava ao seu redor, ele pronunciou seu julgamento, não com fundamento na investigação do tema, porém com base em uma autoridade dupla: a Bíblia e seu próprio cargo. No contexto religioso, a "verdade" se torna com muita facilidade no que a autoridade afirmar que ela é. Às vezes isso pode ter um simpático toque antiquado, uma simples recusa de aceitar fatos indesejáveis; porém, às vezes pode ser o prelúdio do terror, como atestam claramente as chamas que ardem ao redor da imaginação religiosa e explodem entre nós hoje em dia. A necessidade de obedecer, de submeter a nossa liberdade ao controle da autoridade absoluta, pode ser uma nostalgia do nosso DNA dos tempos em que éramos impulsionados de maneira irresistível pela força da natureza. Isso pode explicar sua atração irresistível, bem como seu formidável poder sobre nós. Algo em nós quer ser afastado das responsabilidades do eu autônomo e de volta ao estado de natureza. A história está repleta de exemplos de povos inteiros que abandonaram os rigores da liberdade em troca dos consolos oferecidos pela autoridade infalível, mas ninguém foi mais aterrorizante em suas consequências que a Alemanha nazista.

Gitta Sereny escreveu alguns livros para demonstrar como foi a obediência à autoridade que induziu dois homens bem diferentes a auxiliar no massacre de milhões na Alemanha nazista. O primeiro de seus livros sobre o tema tratava de Franz Stangl, que fora Kommandant de Treblinka, um dos quatro campos de extermínio da Polônia ocupada pelos alemães. Stangl foi condenado a prisão perpétua por corresponsabilidade no assassinato de 900 mil pessoas em Treblinka. O outro livro dela foi um estudo de Albert Speer, o arquiteto da Alemanha nazista e braço direito dos governantes. No prefácio do livro sobre Stangl, *Into that Darkness*, ela escreveu:

> Durante os meses dos julgamentos de Nuremberg (...) eu achava, cada vez mais, que precisávamos encontrar alguém capaz de nos explicar como seres humanos presumivelmente normais foram levados a fazer o que ele fez (...) uma avaliação do histórico de tal pessoa (...) poderia nos ensinar a entender melhor até que ponto o mal contido nos seres humanos é gerado pelos genes, e até que ponto pela sociedade e pelo ambiente.[21]

Sereny não usou a linguagem da força situacional, mas a menção aos genes, à sociedade e ao ambiente é outro modo de caracterizar o "X que transforma em coisa qualquer pessoa submetida a ele". Embora nunca vejamos o X em sua própria essência, ele se revela a nós nas formas que adota para alcançar seus fins. Um modo de caracterizá-lo é o peso acumulado dos acontecimentos — desde o início do universo até a pessoa em quem esbarramos por acaso numa festa de ontem à noite —

que estão por trás do destino de um único personagem na narrativa corrente da história humana. Muitos de nós somos determinados e programados por fatores sobre os quais temos pouco controle. Podemos nos orgulhar da nossa autonomia e da força ética das nossas escolhas, mas as circunstâncias certas poderiam nos surpreender com a rapidez como a nossa integridade se funde ao êxtase da turba. Poucos são imunes a essa possibilidade, no entanto, como veremos, sempre há alguns imunes à pressão das determinantes usuais e que se recusam a marchar no ritmo da autoridade. E, em geral, são os primeiros a encarar os pelotões de fuzilamento da história.

Os homens que Sereny estudou, Stangl e Speer, decerto sabiam como marchar ao ritmo certo, e suas carreiras demonstraram a força tóxica da obediência à autoridade no contexto da Alemanha nazista. Sereny descobriu na infância deles uma negação de amor semelhante àquela que De Kock sofreu. Ao contrário de Speer, Stangl foi um homem desinteressante. Diana Athill trabalhou com Sereny no livro sobre Stangl e tem isto a dizer sobre ele em suas memórias:

> Ainda penso — em como aquele homem sem nada de especial se transformou em monstro em consequência de uma cadeia de escolhas entre o certo e o errado — e o modo como ninguém que ele respeitasse interveio a favor do certo, ao passo que inúmeras pessoas que ele respeitava (...) se comportavam como se o errado fosse certo. (...) Stangl não era muito centrado — talvez em decorrência de uma infância triste — então tornou-se criatura do regime. Outras pessoas não muito centradas não se tornaram — ou não se tornaram

na mesma extensão — então algumas qualidades inerentes a ele (talvez falta de imaginação combinada com ambição) devem ter sido evidentes para aqueles que o escolheram para seus empregos medonhos. Mas decerto foi o ambiente, e não os genes, que fizeram dele aquilo que se tornou.[22]

O ambiente, com certeza, entretanto o fator mais significativo, eu acho, está na frase delatora "falta de imaginação". Hannah Arendt formulou um juízo semelhante sobre outro homem comum e ao qual faltava equilíbrio emocional que também se tornou um monstro. Otto Adolf Eichmann, ex-tenente-coronel nazista que fugiu da Alemanha em 1950, foi sequestrado pelo Serviço Secreto israelense em 11 de maio de 1960 e levado a Israel para ser julgado. Eichmann ingressara na SS em 1932 e fez muitos serviços para eles. Embora ele mesmo jamais tenha puxado um gatilho nem operado um furgão de execução com gás, acabou tornando-se o gênio logístico que organizava o transporte de judeus para os campos de extermínio. Ao descrevê-lo, Arendt criou a frase "a banalização do mal" para captar a vulgaridade e a previsibilidade de sua personalidade.

> Quando falo da banalização do mal, faço-o com frieza, no nível estritamente factual, indicando um fenômeno que encarava o sujeito no julgamento. Eichmann não era Iago nem Macbeth, e nada estaria mais distante da cabeça dele do que, como Ricardo III, decidir-se a ser um "ruim vilão". A não ser em razão da extraordinária dedicação em busca de crescimento pessoal, ele não tinha motivação nenhuma. Ele simplesmente, para falar coloquialmente, nunca percebeu

o que estava fazendo. (...) Não era burro. Foi mera irreflexão — algo que não é, de modo algum, idêntico a burrice — que o predispôs a tornar-se um dos maiores criminosos daquele período.[23]

Quando nos voltamos para Speer, o quadro é mais complexo. Assim como Eichmann, Speer não matou ninguém e não sentia inimizade, ódio, nem mesmo antipatia pelos milhões de habitantes do Leste europeu, pelos cristãos e pelos judeus, que foram sistematicamente dizimados. Sereny afirma que ele não sentia nada, porque faltava nele uma dimensão, uma capacidade de sentir que a infância lhe apagara, o que não lhe permitia sentir amor, mas apenas substitutos romantizados. (Ela diz que havia um forte elo erótico entre Speer e Hitler — nunca sexualizado, porém hipnoticamente presente.) A piedade e a empatia não faziam parte do vocabulário emocional de Speer. Ele era capaz de ter sentimentos profundos, mas só indiretamente — por intermédio da música, da paisagem ou da arte. Seus sentimentos também eram despertados pelo que Sereny denomina hipérbole visual. Ele foi o progenitor dos grandes cenários do nazismo, tais como a Catedral da Luz, com bandeiras e milhares de homens em guarda, imóveis como pilastras, bem como as fileiras de crianças louras, com os olhos brilhantes e os braços rígidos erguidos. Isso tornou-se beleza para ele e — mais um substituto do amor — permitia-lhe ter sentimentos.

Mas a conclusão desta história é que ele finalmente aprendeu a sentir com verdadeira autenticidade e a entrar, pela primeira vez, na experiência de outrem. Ele reconheceu seu papel na loucura de Hitler e chegou à horripilante constatação do que fizeram. Disso tudo emergiu um Speer diferente. Em um parágrafo final, Sereny o resumiu:

> Era um homem seriíssimo que sabia mais a respeito do flagelo do nosso século, Hitler, do que qualquer outra pessoa. Um homem erudito e solitário que, reconhecendo suas deficiências nas relações humanas, lera cinco mil livros na prisão para tentar entender o universo e os seres humanos, empenho em que teve êxito mental, mas não sentimental. Por fim, a empatia é um dom, e não se aprende; portanto, em essência, no retorno ao mundo após vinte anos (na prisão), ele permaneceu sozinho. Não perdoado por tantos por ter servido a Hitler, decidiu passar o resto da vida em confronto com o passado, não perdoando a si mesmo por ter quase amado um monstro.[24]

Farei uma pausa perante as palavras arrojadas "Por fim, a empatia é um dom, e não se aprende", e compará-las com as palavras de Simone Weil:

> Quem não reconhece até que ponto as inconstâncias da sorte e a necessidade mantêm cativo qualquer espírito humano, não pode considerar criaturas iguais a si, nem amar como ama a si mesmo, aquelas que estão separadas de si por um abismo. Só quem já enfrentou o domínio da força, e sabe como não respeitá-lo, está capacitado para o amor e para a justiça.[25]

O que pode nos salvar do desespero perante a nossa própria incapacidade emocional é o fato de que podemos começar a mudar quando compreendemos a nós mesmos. Pode faltar-nos a capacidade inata de ser empáticos, de nos identificar com a dor alheia, mas se conseguirmos tocar nossos próprios sentimentos, atingirmos nosso próprio pesar e vergonha, podemos começar a praticar a identificação projetiva com o próximo. No meu último capítulo, tentarei demonstrar como podemos avaliar o modo como a força nos tem usado e, por nosso intermédio, usado outras pessoas; como podemos reconhecer que a fortuna e a necessidade nos escravizam; e como podemos nos identificar com os outros e nos recusar a transformá-los em coisas. Essa capacidade de nos sentir na vida de outrem é a raiz de uma moralidade da sensibilidade que se recusa a tornar-se um instrumento inconsciente de força.

Afora a nossa incapacidade de sentir o sofrimento que causamos a outrem, outro desafio que enfrentamos é evitar nos tornar maus em resposta ao mal que nos fizeram, proporcionando assim à força uma vitória dupla. Isso quer dizer que não temos de pensar só em como podemos ter prejudicado os outros, mas também em como reagir àqueles que nos prejudicaram. Qualquer sociedade sensata tem de se proteger contra as depredações daqueles que se voltaram contra a humanidade, seja qual for a teoria sobre os fatores que as produziram. Martin Luther King dizia que, embora uma lei não pudesse obrigar ninguém a amá-lo, poderia impedir que o linchassem. É por isso que sempre haverá uma necessidade defensiva de forças armadas, de polícia e de um sistema de justiça criminal. Porém, se zelarmos pelos valores da sociedade que habitamos, o desejo automático de reagir à força do mal com a força do mal é uma reação que vale a pena explorar. Se o palpite de

Nietzsche acerca da origem da punição estiver próximo de acertar, então na nossa reação a uma agressão precisamos nos proteger contra o desejo bruto de fazer o agressor sofrer. A evolução de um sistema público de justiça em substituição às reações individuais ao mal tinha por intenção antepor um obstáculo ao impulso de vingança com as próprias mãos. Livrar-nos do ódio na reação ao mal não é sentimentalismo nem passividade. O sistema de justiça criminal, a instituição que reage em nosso nome àqueles que nos prejudicaram, tem de praticar a objetividade sem emoção. E o faz em nome de um princípio antiquíssimo. Arendt era fervorosa no tocante à importância da justiça na reação às forças caóticas que desafiam a comunidade humana. No relato do julgamento de Eichmann, ela deixa isso claro.

> A minha opinião era e é de que esse julgamento tinha de acontecer no interesse da justiça e de nada mais (...) e à luz da atual confusão nos círculos jurídicos sobre o significado e a utilidade da punição. Fiquei contente quando o julgamento citou Grotius, que, por seu lado, citando um autor mais antigo, explicou que a punição é necessária "para defender a honra ou a autoridade daquele que foi prejudicado pelo crime, para que deixar de punir não provoque sua degradação".[26]

A natureza da punição não é, em si, a questão aqui, e pode ser bem variada em conceito e execução; o que importa é o fato de que a pessoa prejudicada pelo crime foi, na linguagem de Grotius, degradada. A degradação é outro modo de dizer que a parte prejudicada foi transformada em coisa e foi, portanto, violada bem no núcleo de sua humanidade. É por isso que há uma necessidade fundamental, nas pessoas que sofreram abusos, de divulgar o fato e querer que seja conhecido. A experiência de Gobodo-Madikizela na Comissão Sul-Africana da Verdade e da Reconciliação provou para ela a importância do que talvez chamemos de retórica performática da justiça. Ela diz que um genuíno pedido de desculpas é um "ato da fala" designado para retificar a relação danificada pelos atos daquele que pede desculpas. A desculpa não pode, naturalmente, apagar o que foi feito, mas tem o potencial de transformar a situação criada pelo crime. Para dar certo, a pessoa que pede desculpas tem de citar o fato, admitir o erro, reconhecer e, de certo modo, sentir a dor da vítima.[27]

Nisso Gobodo-Madikizela dá ênfase ao aspecto da justiça que é insuficientemente observado nos sistemas jurídicos do Reino Unido e dos EUA: as necessidades da vítima. A justiça Ocidental tem sido competente na repressão ao impulso da força por institucionalizar sua reação aos transgressores, que, em teoria, são julgados de maneira fria para expressar a desaprovação da humanidade àqueles que se voltam contra ela. Temos dado menos atenção é ao trauma infligido à vítima que precisa, para sua própria integração após a degradação, ouvir o transgressor expressar o reconhecimento do malfeito. Em algumas culturas, esse ato é a punição do transgressor, que é trazido de volta ao seio da comunidade humana contra quem se voltou depois de reconhecer, com sinceridade, a realidade do que fez, de enunciar um pedido adequado de desculpas e promover algum tipo de compensação. Há indícios cada vez maiores de que a "performance" de arrependimento tem mais probabilidades de reintegrar transgressores à comunidade do que a imposição de outros tipos de punição. Infelizmente, o ímpeto dos sistemas jurídicos dos EUA e do Reino Unido está indo contra essa descoberta, com o efeito paradoxal de que tende a aumentar, em vez de corrigir a criminalidade. Seu uso promíscuo da prisão como punição está mais próximo do desejo horrível de infligir sofrimento ao transgressor do que da afirmação de Arendt de que o objetivo da justiça é o reconhecimento de que a pessoa prejudicada deve ter sua humanidade restaurada por um ato que reconheça sua degradação. Esse é o primeiro e fundamental elemento em um sistema jurídico sensato. O segundo deve ser tentar encontrar meios de devolver os transgressores à comunidade humana contra a qual se voltaram. Infelizmente, a maioria dos regimes penitenciários do Reino Unido e dos EUA, principalmente o uso cada vez mais frequente do encarceramento, só fortalece a maldade e a alienação do prisioneiro. Sempre haverá gente que se voltou tão totalmente contra sua própria espécie que precisará ficar para sempre separado dos semelhantes. Hannah Arendt, que apoiou a execução de Eichmann, expressava essa necessidade em palavras que desejava que os juízes tivessem dirigido a ele:

> Assim como você deu apoio e realizou uma política de não querer compartilhar a Terra com o povo judeu e com o povo de inúmeras outras nações — como se você e seus superiores tivessem o direito de decidir quem deve e quem não deve habitar o mundo — achamos que não se pode esperar que ninguém, isto é, nenhum membro da raça humana, queira compartilhar o mundo com você.[28]

O mistério do mal talvez sempre exija que façamos juízos como esse, mas não devemos nunca nos enganar a respeito de como, nas circunstâncias apropriadas, nós mesmos podemos ter-nos encontrado na estrada errada. E também é importantíssimo que, na nossa luta contra o mal, precisamos tomar cuidado para não deixar que a dor sofrida transforme o nosso coração em pedra. É por isso que Simone Weil quer que estejamos conscientes da indiferença da força para com o custo humano de seu ímpeto, desde o cerco de Troia à destruição do Fallujah; da mesma maneira que é indiferente ao destino das crianças dementes com quem nós atualmente enchemos nossas prisões. Está usando a todos nós, presidindo o banquete do ódio, transformando-nos todos em pedra. Os artistas enxergam isso com clareza maior que os políticos, que se veem como homens do destino impulsionando a história para a frente, ao passo que eles mesmo são levados como folhas pelo vento de outono.

Se podemos extrair algo dessas explorações, é que ser humano não é fácil. A consciência e a evidente posse do livre-arbítrio nos inclinam a crer que temos controle sobre a nossa vida, mas os fatos indicam algo bem diferente. É como se nos tivessem dado as chaves de um potente automóvel e partíssemos pela estrada para logo descobrir que, embora tenhamos o controle do veículo, parece que ele também está sujeito a outras forças. Faz manobras súbitas e imprevistas, dá guinadas perigosas na direção dos outros carros e, às vezes, para sem motivo evidente, com o motor ainda ligado, e se recusa a percorrer mais um centímetro que seja. Temos algum controle sobre a nossa vida, mas há outras influências em ação dentro de nós, não por livre escolha, pois quase nunca tomamos conhecimento, que exercem um poder considerável sobre nós. Obviamente também há o grande fluxo da própria força vital e sua determinação de prosseguir, sejam quais forem as consequências para aqueles que ela elegeu como seus veículos. Decerto somos mais do que máquinas reprodutoras de genes, mas isso também é o que somos. E enquanto estamos teoricamente no comando do nosso próprio caráter e de seu desenvolvimento, grande parte dele é programado por forças sobre as quais jamais tivemos controle algum. Afora a memória imperscrutável da espécie humana que há dentro de nós, cada um de nós foi lançado em um contexto de vida único e específico, cujos primeiros estágios surtiram efeitos profundos, para o bem ou para o mal, na nossa história subsequente. Também estamos estranhamente sujeitos à atração gravitacional do rebanho humano. Às vezes as consequências dessa força magnífica são adoravelmente ridículas, como a necessidade de ter o acessório da última moda, ou o telefone celular mais versátil; mas, às vezes, as consequências são aterrorizantes. O rebanho humano, quando provocado coletivamente, é um dos mais ferozes animais do planeta. É responsável por todos os linchamentos, todos os estupros em grupo, todos os atos de genocídio, todas as caças às bruxas, todas as brigas horríveis de pensamento grupal que já afligiram a comunidade humana. O triste é que parece que sempre há a presença de monstros carismáticos, que são brilhantes na provocação do rebanho e o hipnotizam, transformando-o em grupo servil e obediente a suas ideias aterrorizantes. Felizmente, parece que também há alguns raros indivíduos que são insensíveis a todas as pressões de que falei. Conforme tentarei demonstrar, só esses são capazes de falar a verdade de maneira coerente e denunciar a mentira. Nós, outros, nos acotovelamos na incerteza, entre os monstros e os mártires: estranhamente atraídos pelo magnetismo do vilão, não obstante esperançosos com a coragem do santo. A história indicaria que somos mais suscetíveis ao poder sedutor do monstro do que à contestação feroz do santo. Argumentarei, contudo, que a história também nos ensina que podemos chegar ao entendimento da trágica complexidade da condição humana e nos empenhar por mitigar os danos que fazemos uns aos outros. O modo de iniciar essa reviravolta é falar a verdade a nosso respeito a nós mesmos. A sinceridade radical sobre nós mesmos é o solo onde a piedade pode florescer.

2
Piedade

Lá está ele, atravessando o rio, um homem sem casaco, um homem sem cinto, um homem de pernas fortes e esbeltas, azar o meu que não consigo correr.

CHARADA IRLANDESA

De 1970 ao verão de 1980, quando saímos da Escócia rumo à América do Norte, tínhamos uma cabana em Muckhart Mill, a alguns quilômetros de Dollar, Clackmannanshire. Naqueles dez anos, todo verão passávamos um mês lá, com visitas de poucos dias em outras ocasiões, e um ou outro fim de semana furtivo. Ficava a apenas uma hora de Edimburgo, então íamos passar o dia lá quando o tempo estava bom, pelo menos para cortar a grama e colher algumas rosas. Tornou-se um valioso refúgio da movimentada casa paroquial na cidade. A cabana se chamava "Pathend", e o meu sogro, que adorava ficar lá quando vinha dos EUA nos visitar, escreveu um poema sobre ela.

> Após as ruas, a viela da roça;
> Do barulho, a serena colina.
> Em vez de passos duros, um riacho;
> Do peito irrequieto, o dom da paz.
> Além das vias que erram sem cessar,
> Recorro a ti: casa, amigo, lar.

O bom de passar as longas semanas de verão em "Pathend" era que entrávamos num ritmo que tinha gostinho de vida, e não de férias. Nadávamos no rio Devon; caminhávamos pelas montanhas em Ochil Hills; e, com as crianças, eu andava por toda parte à procura das framboesas silvestres que minha mulher transformava na melhor geleia do mundo. E no melhor dia do verão, fazíamos um piquenique especial no estreito vale Dollar. Escolhíamos o melhor dia de propósito porque, como o nome "estreito vale" já indica, era um local bem difícil. Em dias cinzentos, era triste e nos reprimia com suas recordações antiquíssimas; mas nos belos dias de sol, o achávamos mais misterioso que triste, mais contemplativo que inóspito. Fazíamos o nosso piquenique no castelo Campbell, depois seguíamos a trilha que ladeava Burn of Care e subia até Whitewisp Hill, onde dávamos a volta e contemplávamos, com o coração pleno, toda a Escócia. Vejo-a neste momento, enquanto escrevo, e meus filhos ao meu lado.

O planejamento da caminhada de 1980 teve um sabor especialmente pungente, pois seria a última. Em fins de agosto nos mudaríamos para Boston, Massachusetts, onde eu assumiria um cargo novo. "Pathend" fora vendida e os novos proprietários se mudariam na manhã da nossa partida. A mais triste recordação que tenho do nosso verão melancólico é a briga terrível da nossa border terrier Kip com o cachorro do moinho no fim da viela. Só percebemos que estava acontecendo quase no fim, quando ela já estava tão exausta que mal podia se mover. Encontrei-a no meio da trilha que levava à fazenda, deitada de lado e sangrando, ofegando incontrolavelmente, e a carreguei de volta para casa. Ainda me pergunto se não foi ali que o câncer dela entrou em ação. Ela estava com 12 anos, idade avançada para um cão, mas naquele verão ainda era tão determinada e cúmplice como sempre fora nas nossas caminhadas pelas colinas e mergulhos no rio. Aplicamos tranquilizantes nela e em Tigger, o gato, para o voo sobre o Atlântico. Acordaram zonzos, mas curiosos, sob o sol de Boston, onde logo se adaptaram ao novo cenário.

Ficamos surpresos com o rigor do nosso primeiro inverno na Nova Inglaterra. No dia de Natal, conseguimos caminhar sobre o gelo grosso que cobria o lago do Public Garden de Boston, e Kip levantava as patas e as sacudia a cada passo, sem conseguir acreditar que fazia tanto frio. Logo no início do ano descobrimos que ela estava com câncer. Foi operada no hospital veterinário local, mas era óbvio que não conseguiria sobreviver muito tempo. Tolerante e meiga como sempre, ela tentava participar da nossa vida com o entusiasmo usual, embora cada passo fosse uma clara agonia. Lembro-me do olhar confuso quando o corpo não queria mais atender à vontade dela, e percebi que era o fim. O hospital nos aconselhou a levá-la na tarde seguinte, quando fariam a eutanásia. Nenhum de nós consegue se perdoar por não a acompanhar até o local onde a mataram. Levamos até a recepção e a entregamos. Desolados, olhamos quando a levaram para os fundos, depois nos dirigimos ao estacionamento, entramos no carro e voltamos para casa sem ela. Devíamos a ela uma morte suave e indolor, mas também lhe devíamos a nossa presença ao lado dela no fim, e nós a decepcionamos. É o caráter absoluto dessa falha que nos consome: absoluto, porque a morte anula qualquer possibilidade de retificar ou de nos redimir do fracasso.

Voltamos para o Reino Unido quatro anos depois da morte de Kip e compramos Sam, outro border terrier. Era mais durão do que Kip, e viveu alguns anos a mais que ela. Inevitavelmente, o tempo também acabou com ele. Ficou cego, surdo e incontinente. Quase até o fim foi companheiro das caminhadas pelas conhecidas ruas de Edimburgo, mas era de partir o coração vê-lo tropeçar no meio-fio e dar com o focinho nos postes. Chegou o dia em que o veterinário do nosso bairro sugeriu com simpatia que o tempo dele se esgotara e que devíamos levá-lo à clínica quando estivéssemos dispostos. Na manhã da decisão, tentei fazer uma pequena última caminhada, mas ele estava tão fraco e confuso que precisei carregá-lo. Envolvi com os braços o corpo pequeno, musculoso, que finalmente o traíra, e o levei para a última visita ao dr. Hunter. Dessa vez, eu estava decidido a ficar. Deitei-o de lado na mesa da clínica e continuei a acariciá-lo quando o veterinário, com enorme brandura, o tranquilizou. Depois aplicou a injeção letal; e, com um pequeno suspiro de perdão, Sam partiu. Fui para casa aos tropeções, com os olhos cegos de lágrimas. Jeannie e eu nos atiramos um nos braços do outro e choramos. Kip e Sam faziam parte da história da nossa família, sua vida curta se entrelaçava com a nossa; agora só existem na nossa recordação e em algumas fotos antigas. Quem ama os animais logo se acostuma com a tristeza, que é o protesto perplexo da vida perante o fato da morte. Leonard Woolf lembrava-se de que, na infância, o mandaram afogar cinco cachorrinhos recém-nascidos.

> Quando a mergulhou no balde cheio d'água, a primeira criaturinha cega e minúscula começou a "lutar desesperadamente pela vida, se esforçando, batendo na água com as patas". De repente ele percebeu que era um indivíduo, um "eu", e que estava lutando pela vida, exatamente como ele faria se estivesse se afogando. "Foi", escreveu ele no fim de sua longa vida, "uma coisa horrível, selvagem, afogar aquele 'eu' em um balde d'água".[29]

O *Book of Common Prayer*, referência para a Igreja Episcopal Anglicana, diz que "em meio à vida, estamos na morte".[30] Isso pode ser menos óbvio para aqueles de nós que vivem em comunidades muito urbanizadas, onde a nossa alienação da natureza é quase completa, e onde a medicalização da nossa vida nos distanciou até da nossa própria morte. Pode ser impossível para nós compreender como os animais entendem a morte, mas eles certamente sofrem. Os elefantes passam muito tempo de luto, bem como as baleias. Muitas aves que perdem o par nunca voltam a ter outro. Um amigo meu tinha um gato que, ao perder o companheiro, sentou-se na escada e chorou sem parar. Os cachorros, que são animais de bando, são mais fortes no tocante à chegada e à partida de outros membros. Mas quando perdem o líder, seu luto é profundo. Sendo o humano o líder para os cães que vivem como bichos de estimação, a morte do dono pode arrasá-los. Há muitas histórias iguais à de Bobby de Greyfriars sobre cães de coração partido que continuaram fiéis até a morte ao dono perdido. Os animais não ignoram a morte e têm seu próprio modo de protestar contra o inimigo supremo, o atleta que está sempre atrás de nós na corrida.[31] Loren Eiseley captou com perfeição um momento de protesto:

> Quando acordei, com remota noção de alvoroço e gritaria na clareira, a luz estava se enviesando por entre os pinheiros de um modo que aquele trecho da floresta estava iluminado como se fosse uma vasta catedral. Eu via a poeira em suspensão no longo eixo de luz e ali, no galho longo, estava um corvo enorme, com um filhotinho vermelho se contorcendo, preso no bico.
>
> O som que me despertou foi o dos gritos indignados dos pais daquele filhote, que voavam em círculos, indefesos, pela clareira. O lustroso monstro negro estava indiferente a eles. Engoliu, afiou o bico no galho morto e ficou parado. Até aquele ponto, a pequena tragédia tinha seguido o ritmo normal. De repente, porém, de toda aquela área do bosque, começou a se erguer o som suave de uma queixa. Chegavam à clareira, voando irrequietos, meia dúzia de espécies de passarinhos, atraídos pelos gritos de angústia dos minúsculos pais.
>
> Ninguém se atreveu a atacar o corvo. Mas choravam ali numa espécie de tristeza instintiva em comum, a família do morto e os que não eram da família. A clareira repleta dos sussurros suaves e dos gritos. Agitavam as asas como se

as apontassem para o assassino. Havia uma ética confusa, intangível, que ele violara, disso eles sabiam. Ele era uma ave da morte. E ele, o assassino, o pássaro negro no coração da vida, estava ali parado, cintilante sob a luz em comum, formidável, imperturbável, intocável.[32]

A natureza é impiedosa, e a imagem de Eiseley daquele corvo enorme, com um filhote vermelho se contorcendo no bico, capta o aspecto sinistro da cena. Pode ser esplêndida em sua ferocidade implacável, mas também é assombrosa em sua indiferença. Metade dos filhotes de urso-polar morre no primeiro ano de vida. O Kalahari mata os elefantes jovens que tentam atravessá-lo à procura de água. E por todo o reino animal os predadores emboscam as vítimas antes de se lançarem ao ataque paralisante. Em meio à vida, estamos na morte. É a crueldade da ordem natural que fortalece o ateu contra qualquer ideia da existência de um criador benevolente. Isso foi algo que Darwin observou, embora ele mesmo tenha sido benevolente demais ao presumir o papel que descreveu: "Que livro um capelão dos infernos escreveria sobre as obras desajeitadas, desperdiçadas, equivocadas, baixas e terrivelmente cruéis da natureza."[33] O fato é que a natureza é uma vasta cadeia alimentar, e matar é tão intrínseco a sua finalidade quanto o sexo. A luta é tão fundamental quanto a trepada. A vida que engatinhava há bilhões de anos no mar de substâncias químicas luta não só para se reproduzir, mas para se manter, principalmente caçando outras criaturas. O explorador Benedict Allen nos dá uma imagem vívida do modo como uma espécie vive de outra, o ser humano inclusive.

Ele se deparou com um eremita alemão que vivia na floresta tropical e esforçava-se por extrair o sustento daquele formidável habitat. Quando lhe perguntaram o que aconteceria se adoecesse, ele respondeu:

— Neste caso improvável, tenho, é claro, a minha despensa...
Apontou para o riacho que corria no campo. Depois do banco de lama, vi uma corda e, na ponta da corda, estava sua ração de emergência: uma tartaruga pastando tranquilamente.
— Naturalmente o senhor só a comeria num banquete, não é? — perguntei.
— Pelo contrário: só quando correr o risco de morrer. É o meu acordo com ela.
— Acordo?
— Ou devo dizer que é o acordo da tartaruga com a natureza? Ela recebe a vida, mas sob a condição de que um dia sua vida pode ser tirada por alguém que esteja mais elevado na cadeia alimentar. E eu — acrescentou, com o que me pareceu um tom de triunfo — estou acima dela na cadeia alimentar.[34]

A falta de sentimentalismo do eremita com relação à tartaruga revela com exatidão a trágica realidade da vida. Os passarinhos minúsculos que protestaram contra a atividade assassina do corvo gigantesco também eram assassinos de formas de vida que apelam menos às nossas emoções: insetos, minhocas, lagartas, caramujos. Qualquer pessoa que tenha visto um melro arrebentar a concha de um caramujo numa pedra para desabrigar e consumir a criatura viva escondida dentro dela estará curada de qualquer visão romântica com relação à natureza, mesmo em suas formas mais simpáticas. Não obstante, existe uma espécie de justiça rústica na natureza. Embora possa ser discutível se existe por trás dela uma inteligência reguladora intencional, a natureza opera de um modo que mantém a multiplicidade das espécies em algum tipo de equilíbrio. O corvo devora filhotinhos, mas alguns sobrevivem para percorrer seu ciclo natural de vida. Se isso não acontecesse, a espécie dominante, as violentas aves de rapina e as caçadoras, destruiriam o próprio meio de sobrevivência. A natureza com dentes e garras vermelhas pode não ser uma bela visão, mas existe equilíbrio nisso, mesmo que tenhamos de defini-lo como um tipo de justiça ecológica.

Ou havia equilíbrio, até que nós, os humanos, o destruímos. Eiseley descreve o corvo como assassino, o melro no cerne da vida, mas a descrição deve se encaixar com mais justiça no ser humano, o destruidor promíscuo, o verdadeiro assassino da floresta. Conforme nos lembra a nossa propensão de inventar sistemas imaginativos de tortura, temos sido muito inventivos na nossa crueldade para com os membros da nossa espécie. Naturalmente, também nunca relutamos em torturar os outros animais com quem compartilhamos o planeta — como bem demonstra a história da nossa crueldade com relação a eles — porém até recentemente a nossa capacidade de interferir na vida deles era limitada pelos meios à nossa disposição. Embora tenhamos começado séculos atrás a prejudicar o clima da Terra e a nos intrometer em seus sistemas, mantivemos alguns elementos da justiça no equilíbrio entre nós e os outros animais. Um bom exemplo disso foi a harmonia alcançada entre as tribos das planícies da América do Norte e as imensas manadas de bisões ou búfalos que perambulavam nas Grandes Planícies do Canadá ao México. O governo dos Estados Unidos, no século XIX, entendeu essa simbiose e, para ampliar a expansão rumo ao Oeste, promoveu a caça organizada ao bisão, para matar de fome a população indígena das planícies. Em decorrência disso, caçaram esses animais até chegarem perto da extinção. A ironia é que, em consequência das atuais políticas sensatas de conservação, o bisão ou búfalo americano teve uma recuperação impressionante; entretanto, já é tarde demais para reviver a cultura equestre dos índios das planícies.

Caçar é a técnica instintiva do predador natural, mas nós, os mais inteligentes dentre eles, descobrimos que a nossa vida seria mais fácil e menos arriscada se criássemos, em vez de caçar, os animais de que dependemos para nos alimentar. Assim como o eremita alemão na floresta tropical, decidimos conservar a nossa despensa ao nosso alcance. Mesmo assim, manteve-se uma justiça rudimentar. Os animais que criamos viviam por um tempo nas colinas e nos campos até o momento em que os abatíamos. No dia marcado, eles pressentiam a morte iminente e protestavam contra nós, como a vida faz instintivamente; mas sua morte era rápida, nas mãos daquele que os criara, no lugar onde tinham vivido. Em sua meditação "Why Look at Animals?", John Berger retrata a natureza complexa do afeto entre criador e animal na sociedade tradicional.

> Um camponês se afeiçoa ao porquinho de estimação e tem prazer em temperar a carne de porco. O importante, e tão difícil para o desconhecido urbano entender, é que as duas declarações estão conectadas por um *e*, e não por um *mas*.[35]

Berger diz que o século XIX na parte ocidental da Europa e na América do Norte presenciou o início de um processo, concluído nos dias de hoje pelo capitalismo empresarial do século XX, por meio do qual foram eliminadas todas as tradições que antes serviam de intermediárias entre o homem e a natureza. Antes dessa ruptura, os animais constituíam o primeiro círculo do que cercava o homem.[36] A agropecuária industrial moderna modificou esse relacionamento. Os animais que são objeto da nossa dominação ambiciosa passam agora por uma morte dupla, pois a sua própria vida é uma espécie de morte. A existência que, relutantes, lhes permitimos é uma tortura propensa a doenças, todos amontoados em viveiros lotados, até que os enfiamos nos caminhões da morte e os transportamos por centenas de quilômetros até abatedouros legalizados. A sensação da interligação trágica da nossa relação com os animais, caracterizada pelo camponês e seu porco de Berger, foi destruída pelos métodos da agropecuária industrial que a nossa ambição criou.

Conheço um médico cujo hobby é criar uma raça especial de ovelhas. Ele conhece cada uma das trinta, assim como elas, segundo ele, conhecem umas as outras, pois as ovelhas não são, em hipótese alguma, as criaturas tolas que imaginamos. Em uma sociedade decente, ele abateria as ovelhas em casa, quando chegasse a hora, do modo como o camponês de Berger matou o porco, do modo como os pecuaristas fizeram durante séculos. O médico fica aflito por ter de transportar seu amado rebanho em caminhões até um abatedouro licenciado pelo estado, pesados com o fedor da morte e barulhentos com o protesto dos animais, que sabem estar prestes a ser entregues a sua máquina assassina. A nossa gula e o nosso desprezo pelos outros animais com quem compartilhamos o planeta nos levou a um comportamento monstruoso. A partir de 1961, o gado aumentou 38% em número no mundo inteiro, chegando a cerca de 4,3 bilhões de cabeças. A população global de aves quadruplicou nesse período, para 17,8 bilhões, e o número de porcos triplicou, para 2 bilhões. Esse aumento enorme em período de tempo tão curto modificou totalmente o nosso relacionamento com os animais que nos servem de alimento. Danielle Nierenberg, pesquisadora do US Worldwatch Institute, nos advertiu que "criar animais transformou-se numa empreitada industrial que tem pouca relação com o ambiente ou com as tendências naturais dos animais". Ela assinala que, aonde quer que chegue, a pecuária industrial cria calamidades ecológicas e de saúde pública.[37] A superpopulação animal gera doenças. No ambiente natural, os animais raramente formam multidões de maneira insustentável em razão do equilíbrio que a cadeia alimentar natural alcança, mas nas condições infernais das fazendas industriais, passam a vida espremidos como os trabalhadores no metrô na hora do rush. Confinar animais assim leva a problemas físicos, como a osteoporose e a dor nas juntas, bem como tédio e frustração, demonstrados por comportamentos repetitivos e autodestrutivos. Em resumo, antes de matá-los, nós os enlouquecemos. É por isso que, horas após o nascimento nas granjas industriais, arrancam o bico dos pintinhos com uma lâmina quente para evitar que biquem uns aos outros até a morte por viverem em multidões.

Fora os horrores da morte dupla que agora impomos aos animais que mantemos nas nossas despensas globais, estamos, merecidamente, alimentando um pesadelo escatológico para nós mesmos. O nosso vício da produção intensiva de alimentos, e seus excessos concomitantes, gerou uma epidemia de obesidade e de outras doenças autoinduzidas. E a própria natureza se corrompeu e adoeceu com a nossa ambição e crueldade. Em 1996 foi comunicado o elo entre a encefalopatia espongiforme bovina (BSE, na sigla em inglês) e seu equivalente humano, a doença de Creutzfeldt-Jakob (DCJ). Cinco anos depois, quem viajava durante a primavera pelo interior do Reino Unido via hecatombes nas colinas verdejantes, enquanto o governo lutava para deter a disseminação da febre aftosa. Foram eliminados 7 milhões de ovelhas e de outros tipos de gado até que se contivesse a disseminação da doença.

Na época do abatimento em massa houve histórias de pecuaristas que, à noite, faziam animais saudáveis se misturarem com rebanhos infectados, só para receber a indenização do governo, que era mais lucrativa para eles do que a pecuária honesta. Uma das imagens mais angustiantes daquela época foi a das ovelhas tentando escapar dos rebanhos da morte, perseguidas pelos pecuaristas e executadas de maneira tosca durante a fuga. Robert Crawford expressou em poesia essa inversão macabra:

> Sou o mau pastor, incendeio meu rebanho nos campos,
> Nutro-lhe de combustível — são hecatombes de castrados e férteis.
> Em covas ou piras, eis que lhes tosam e desgraçam as chamas (...).
> Sou o mau pastor. Sigam-me.[38]

E enquanto escrevo, centenas de milhares de perus estão sendo abatidos na "fazenda" Bernard Matthews em Suffolk, numa tentativa de conter a disseminação da virulenta gripe aviária ou H5N1 entre as aves confinadas. Um dos aspectos mais pungentes do mais recente alarde são os vislumbres ocasionais que as câmeras dos noticiários de televisão nos deram dos enormes galpões sem janelas, onde vemos milhares de perus amontoados, privados de qualquer coisa que se possa chamar de vida, antes de serem levados à câmara de execução para satisfazer a nossa ansiedade de comida barata. Claudia Tarry, ativista contra o comércio de perus, conseguiu entrar em um dos celeiros da Bernard Matthews certa noite, e fez uma descrição do horror que encontrou. Quando abriu a porta do enorme celeiro, deparou-se com o fedor de ar quente e parado, fezes e amônia. Nada de luz do sol nem de ar fresco. Por toda parte o zumbido de ventiladores e o barulho de 20 mil perus, com as penas eriçadas, bicando bolotinhas secas nos alimentadores automáticos, bebendo água de bebedouros, cada um deles confinado a uma área do tamanho da embalagem que seria seu destino final. Contido na economia do sistema está o conceito de "matar de fome" centenas de milhares de aves que não conseguem chegar ao alimento nem à agua e morrem de fome ou sede. Havia aves mortas ou moribundas espalhadas pelo celeiro onde ela entrou. A descoberta mais surreal foi o barracão de masturbação, um pequeno prédio dividido em alguns cercados, cada um com oito perus machos. O barracão continha uma cadeira com um torno, e uma série de tubos, funis, bombas e frascos. Para masturbar os perus a cada poucos dias, ficam presos no torno enquanto lhes estimulam as glândulas sexuais. O sêmen é, então, recolhido num tubo e injetado na fêmea. Os perus eram aves enormes, desajeitadas, com trechos das asas sem penas por ficarem repetidas vezes presos ao torno. Quando tentavam se mexer, cambaleavam; era um esforço doloroso. Só nesse complexo havia mais de cinquenta celeiros, cada um deles uma réplica tenebrosa do outro.[39]

Existem empresas sinistras como essa espalhadas por todo o interior da Inglaterra. Sempre vejo uma da janela do trem que trafega entre Edimburgo e Glasgow, e fico cismado com a infelicidade que representa, a crueldade impiedosa que proclama. Longas fileiras de barracões sem janelas, com a aparência de um lugar que tem algo a esconder. O que está escondido é a tortura industrializada de dezenas de milhares de aves, artificialmente criadas para viver vidas artificiais antes de serem abatidas para nosso consumo. Não há mais nenhuma noção de que pertençam à natureza e mereçam uma vida, por mais brutal ou curta que possa ser. Agora são um *produto*, seu estado de criaturas vivas é um interlúdio desajeitado, mas necessário, em sua dolorosa jornada para as prateleiras do nosso supermercado e para as lanchonetes.

Conforme já indiquei, as coisas mais perturbadoras no tocante à espécie humana é a nossa capacidade de nos acostumar com comportamentos monstruosos. Nós nos acomodamos aos campos de extermínio e ao genocídio industrializado. Recentemente, nós nos readaptamos à prática da tortura feita em nosso nome. Não obstante, debatemos esses assuntos e às vezes até nos envergonhamos e nos arrependemos. Mas poucos de nós parecemos estar perturbados pelo tormento que infligimos às criaturas de quem depende a nossa sobrevivência. A natureza é, sem dúvida nenhuma, cruel, mas o nosso temperamento de espécie é cometer crueldades com precisão científica que a fazem parecer benigna em comparação. Em seu estado bruto, a natureza dá a todos os animais uma chance de lutar pela vida até que a morte os agarre com seu bico de corvo. Se a própria morte é o principal predador dos grandes assassinos, a natureza dotou os outros predadores com um arsenal de capacidade defensiva: velocidade, disfarce, odor, veneno. Nós perturbamos a ordem da natureza e assumimos poder absoluto sobre ela; e demos a nós mesmos um mandado divino para fazê-lo.

> E disse Deus: Façamos o homem à nossa imagem, conforme a nossa semelhança; e domine sobre os peixes do mar, e sobre as aves dos céus, e sobre o gado, e sobre toda a terra, e sobre todo o réptil que se move sobre a terra.[40]

O domínio que assumimos sobre o reino animal tem sido catastrófico para nós mesmos, bem como para eles. No livro *The Dominion of the Dead*, Robert Pogue Harrison discorre sobre o poema de Eleanor Wilner "Reading the Bible Backwards", em que ela imagina a inversão ou anulação da história da criação do Gênesis. "O que [o poema] descreve é a redenção, não da história, mas da natureza, uma redenção que assume a forma de um dilúvio universal que 'inverteria o encanto' das catástrofes e das tragédias da história humana." Esta é a conclusão do poema:

> Agora só o vento move
> a face revolta das águas
> pela chuva ferida; lá embaixo, porém,

onde enroscada repousa a lula-gigante acanhada,
as baleias, tais quais anjos pesadas,
cada barbatana um vestígio de asa,
cantam grão épico que só a elas pertence —

no grande dia em que os navios voltassem,
os arpões todos falhassem, a terra
derretesse nas águas, cada qual nadaria
pelo cume das montanhas, seriam todas
águias do abismo, no fundo os velhos
pesadelos da terra jazeriam
tal qual barro entre cidades em ruína, o berço
vazio da criança flutuaria
abandonado entre as algas, até que o mar
o desatasse em filamentos de palha e
até que mesmo aquela palha apodrecesse
no degelo planetário por que as baleias ansiavam,
lançando seus jatos d'água para cima
na plena certeza de que jorrariam de volta
ao mar, com sua vontade realizada
no milagre da chuva. E a terra
era sem forma e vazia, e havia trevas
sobre a face do abismo. E
o Espírito movia-se sobre a face das águas.

Harrison diz:

A forma que a terra assume sob o domínio humano só traz morte e escravidão a suas outras criaturas, e principalmente desgraça aos agressores. Na opinião de Wilner, os pecados da semente de Adão são pecados contra a natureza, e não contra Deus, por conseguinte a culpa da história não é passível de punição nem de expiação. Só é passível de esquecimento por meio do milagre da chuva.[41]

Quem sabe? Talvez a natureza esteja tramando sua vingança contra nós por trazer a morte e a escravidão a seu meio, e um dia a nossa espécie será lançada ao ostracismo pelo milagre da chuva, deixando a evolução voltar a se governar, dessa vez parando antes do surgimento da nossa espécie assassina. Se o planeta alcançou a consciência de si e a volição em nós, seus mais pródigos filhos, por que é impossível crer que ele possa ter uma profunda inteligência de si mesmo e talvez esteja no processo de nos sacudir do caminho, do mesmo jeito que um cachorro sacode a água do pelo? Um dos mitos tenebrosos da nossa infância previa essa ideia de expulsão de um jardim que tínhamos arruinado com o nosso descontentamento. Quando a nossa imaginação estava tecendo os grandiosos mitos portadores da verdade, já estava chorando o nosso vício em morte e prevendo a nossa própria história trágica. "Ora, a serpente era mais astuta que todos os animais do campo que o Senhor Deus tinha feito. E esta disse à mulher: 'É assim que Deus disse: Não comereis de toda árvore do jardim?'"[42] Segundo o mito da criação do livro do Gênesis, desde o início já resistíamos ao equilíbrio e à justiça da natureza. Não satisfeitos com o domínio sobre os bichos e com a liberalidade da dádiva de "toda erva que dê semente, que está sobre a face de toda a terra; e todas as árvores, que dão frutos que dão semente",[43] nós exageramos e nos expulsamos a nós mesmos da vida virtuosa, a vida segundo a trágica reciprocidade da natureza. "E viu o Senhor que a maldade do homem se multiplicara sobre a terra e que toda a imaginação dos pensamentos de seu coração era só má continuamente. Então arrependeu-se o Senhor de haver feito o homem sobre a terra e pesou-lhe em seu coração."[44]

Para completar a nossa loucura, além de nos termos separado da natureza, também nos afastamos da força que os nossos mitos têm de nos alertar sobre o perigo dos nossos próprios excessos. Nietzsche entendeu a profundidade dessa perda:

> Pois o destino de todos os mitos é arrastar-se gradualmente para os confins de uma realidade supostamente histórica e ser tratado em era posterior como fato único que reivindica a verdade histórica. (...) É assim que as religiões tendem a morrer: as premissas míticas da religião são sistematizadas, sob o olhar rígido e inteligente do dogmatismo ortodoxo, em um resumo fixo de fatos históricos; começa-se nervosamente a defender a veracidade dos mitos, ao mesmo tempo resistindo à continuidade de sua vida e de seu crescimento. O sentimento pelo mito morre e é substituído pelas reivindicações religiosas de fundamentação na história.[45]

Perdemos a sensibilidade para o mito, a poesia obscura do nosso passado não lembrado, e a substituímos pela fraudulenta veracidade das reivindicações religiosas de "realidade histórica". Isso explica a feiura peculiar dos protagonistas religiosos e antirreligiosos de hoje, nenhum dos quais tem sensibilidade nenhuma para o poder de criação da metáfora. Ao literalizá-la, em nome das ortodoxias dogmáticas da religião ou das desdenhosas ortodoxias das ciências, nós nos afastamos da capacidade do mito de segurar um espelho diante de nós. Os velhos mitos da nossa criação e da expulsão do Éden, tramados quando mal sabíamos a diferença entre nós e o resto da natureza, ainda podem iluminar a tensão que há dentro da nossa própria alma, que é puxada pela solidariedade com as outras criaturas vivas e pela fria indiferença a elas.

Tentar nos imaginar novamente na consciência da qual surgiram os mitos antigos pode ser um exercício útil e revelador. Descobrimos o medo de um caos subjacente que espreita nas profundezas da psique humana, e de que procuramos nos separar e nos distanciar. No Gênesis há um verbo hebraico que transmite a essência dessa ansiedade: *hivdil*, "dividir". "E disse Deus: Haja luz; houve luz. E viu Deus que era boa a luz; e Deus *separou* a luz das trevas."[46] Segundo o mito, é pela divisão que a criação é tirada da confusão do caos: luz das trevas, dia da noite, terra seca das medonhas profundezas. Um dos temores da humanidade é o de um retorno ao estado indiviso, ao caos. Na religião tradicional, essa ansiedade tem-se traduzido em códigos de divisão e separação que cobrem todos os aspectos da vida: alimentos que são proibidos, formas de relações sexuais que são proibidas, e entrosamentos contagiosos com outros povos e tribos que sejam proibidos. Embora a mentalidade secular seja prejudicada por eles, esses embargos são exemplo de um temor antiquíssimo de que tudo se desmorone e de retornar ao caos. Esse é, obviamente, um forte elemento no ressurgimento das religiões conservadoras no mundo atual. Um dos principais motores do ideal secular era a derrubada do que ele considera divisões injustas entre os humanos, mas as consequências assustam a mentalidade religiosa, a mentalidade que divide e separa em razão de sua turbulência temerosa do id humano.

Não é fácil descobrir por que, nesses mitos antigos, damos a Deus o papel de separador, aquele que separa a ordem do caos. Quer provenha da memória inconsciente da luta evolutiva programada nos nossos genes, quer de alguma outra ansiedade primordial, temos nos sentido impelidos a construir barreiras contra as águas do dilúvio da nossa própria tendência ao caos. O mito freudiano do eu tripartido — o id no porão inundado, representando a agitação do desejo caótico; o superego no andar mais alto, representando a ansiedade repressora da autoridade controladora; e o ego, o eu consciente, a parte de que temos conhecimento, em meio às forças que não entendemos e de cuja existência não temos muita certeza — é uma tentativa sugestiva de expressar a experiência do eu. Isso é, decerto, o que a vida parecer ser. As instituições religiosas evoluíram, em parte, para controlar e, em parte, para incorporar essas ansiedades confusas. É por isso que as religiões conservadoras sentem-se ultrajadas com o que percebem ser o caos das sociedades seculares. A autoridade controladora do superego religioso foi derrubada, e os antigos muros separadores foram levados pelo dilúvio. Homens e mulheres se encontram em igualdade de condições, com a consequente sexualização da cultura, que é uma maldição para a mentalidade pré-secular. É na área da sexualidade que se vê o afastamento mais impressionante da velha cultura. É por isso que as formas religiosas que receberam mais influência do pensamento secular e foram modificadas por ele, tais como o protestantismo, estão hoje em agitação, enquanto as tradicionalistas lutam para reconquistar o controle das instituições que creem terem sido corrompidas. E é por isso que os muçulmanos conservadores estão procurando restabelecer os símbolos das antigas divisões, tais como o *hijab*, dentro dos espaços abertos da sociedade secular.

Não é de surpreender que, de uma natureza tão complexa quanto a nossa, tenham surgido mitos e arquétipos que nos separam, não só uns dos outros, mas dos outros animais com quem compartilhamos a Terra. Será o "eu" humano diferente em tipo e destino do "eu" animal? E será por isso que assumimos autoridade absoluta sobre ele? Decerto, o mito da criação, contido no Gênesis, afirmava que havia uma diferença qualitativa entre nós e as outras criaturas com quem dividimos o planeta: "E disse Deus: Façamos o homem à nossa imagem, conforme a nossa semelhança (...). E criou Deus o homem à sua imagem: à imagem de Deus o criou; homem e mulher os criou."[47] Será que tratamos os animais com crueldade porque acreditamos serem tão qualitativamente diferentes de nós que sejam pouco mais que máquinas animadas? Os antigos mitos da criação foram todos formados antes que soubéssemos algo acerca da nossa origem em comum, portanto, é inevitável que tenham dado ênfase à diferença, e não à semelhança entre nós e os outros animais. Provavelmente continuará impossível um dia sabermos o que é o "eu" do animal. Embora saibamos que muitas espécies, das formigas às baleias, têm sistemas avançados de comunicação, é difícil saber se sentem algo semelhante à consciência de si. Não obstante, conforme Leonard Woolf constatou quando afogou um cachorrinho cego num balde d'água, era um indivíduo, um "eu", e estava lutando pela vida assim como ele lutaria se estivesse se afogando. A impressão que temos da importância da nossa identidade, do nosso próprio "eu", devia nos predispor a conceder ao "eu" animal um pouco de solidariedade e respeito. Afinal, é o "eu" intrínseco à entidade humana que nos deu a nossa primeira sensação de transcendência, e que é, bem provavelmente, a origem das ideias religiosas: a possibilidade de que possa haver um "eu" superabundante, trans-humano, por trás do mistério das coisas. O mito foi a nossa primeira tentativa de resolver esses mistérios. Reconhecer que provém da infância da nossa espécie não é denegri-lo, é oferecer-lhe o tributo do verdadeiro entendimento de sua importância. Mito é arte, e não a verdade histórica instituída da religião dogmática; ele nos fala de nós mesmos; e não de uma realidade trans-histórica sobre a qual só podemos dar palpites. Robert Hughes, o crítico de arte, meditando sobre a criatividade humana, diz: "Diz-se, com frequência e veracidade, que gênio não é nada além da capacidade de retomar a infância quando se quer — mas isso tem de incluir os terrores e os desejos da infância, e não só a sua inocência idílica."[48] Vemos isso se observarmos bem as crianças brincando sozinhas, que invocam populações, mistérios, perigos, cantando o mundo e criando um significado para ele. Embora a maioria de nós ponha uma tampa pesada sobre o poço da imaginação ao sair da infância, o artista continua desenhando inspirado nela tanto quanto deseje. Se quisermos aprender com o mito, a arte da imaginação primeva da nossa espécie, temos de nos perguntar: se essas são histórias que contamos a nós mesmos, quais foram as pressões que as suscitaram? Quando colocamos a questão desse modo, deparamo-nos com inúmeros enigmas. Um deles é o status existencial dos outros animais com quem compartilhamos a Terra. A resposta que demos a essa pergunta tem tido consequências terríveis para essas outras criaturas; porém, a nossa resposta problemática pode ser, ela mesma, consequência das respostas que demos a outras perguntas, às questões que tratam do enigma da nossa existência. Quando a notícia da morte da filha Aline finalmente chegou a Paul Gauguin no Tahiti em 1897, ele pintou um quadro enorme que era um grito de dor diante do mistério da existência. Ele escreveu três perguntas em um canto da tela: *D'Où Venons-Nous?* De onde viemos? *Que Sommes-Nous?* O que somos? *Où Allons-Nous?* Para onde vamos? Embora tenhamos sido quase sempre indiferentes à vida interior dos outros animais e a respeito de qual noção têm de si mesmos, caso tenham, somos curiosíssimos acerca da nossa própria natureza e do nosso próprio destino. Unindo essas reações opostas está a convicção de que o "eu" humano difere fundamentalmente do "eu" animal. É a morte, o ponto na coxia, que analisa essa diferença, incitando-nos a especular sobre a possibilidade que, ao contrário dos outros animais, temos uma alma imortal.

II
MERCADO

3
Alma

Nunca mais, por mais que eu olhe pela janela, verei a sua figura alta e magra caminhando pela praça, passando pelo pinheiro-anão, pelos tocos, e depois saltando a cerca para atravessar o gramado. Nossas piadas se foram para sempre.

CARRINGTON

Um dia, algumas semanas depois da morte da minha mãe, senti-me tão oprimido pelo pesar ao passar por uma igreja espiritualista que anunciava um culto que entrei. Não era o meu primeiro contato com o espiritualismo. Uma das recordações mais nítidas da minha infância era ver minha mãe e três amigas, inclusive a minha tia Cathy, usar uma tábua Ouija feita em casa. Às vezes denominada tábua dos espíritos, pode-se usar qualquer superfície plana com as letras do alfabeto e os algarismos de zero a nove. Afirma-se que o indicador móvel, sobre o qual os participantes põem a mão, é impulsionado pelo espírito dos mortos para responder às perguntas feitas pelo grupo. Nessa ocasião, o indicador improvisado era um copo pequeno de uísque. Não me lembro da pergunta que fizeram, mas recordo que fiquei eletrizado com a resposta, segundo a qual alguém que morava do outro lado da rua em breve sofreria um acidente terrível. Quando a sessão terminou, eu quis saber por que não avisavam imediatamente à vizinha acerca da fatalidade iminente. Cathy riu: — Não vai acontecer nada. Isso é só brincadeira, uma piada — disse ela.

Não obstante, passei alguns dias de olho na vizinha depois desse acontecimento, mas meu interesse minguou com o passar das semanas sem que acontecesse nada de incomum.

Certa noite de domingo, anos depois, quando eu era pároco da Royal Mile em Edimburgo, o diretor da ala residencial de uma universidade próxima ao castelo perguntou se eu podia largar o que estava fazendo para ir falar com ele. Era uma daquelas antigas casas de cômodos no alto do Mile, recém-convertida em alojamento para estudantes. Disseram-me que um grupo de estudantes andara fazendo uma sessão de brincadeira com a tábua Ouija quando o local de repente ficou frio demais e eles ficaram apavorados. Naquela época eu conhecia histórias de sessões Ouija que podiam expor os jogadores a forças espirituais indesejadas. Eu não tinha opinião acerca do que tinha ou não acontecido, mas era um pastor pragmático o suficiente para saber que precisava atender à situação. Ficamos naquela sala gelada e orei para que aquilo que tinha entrado ali saísse e para que a paz retornasse. A normalidade foi restaurada, os estudantes se acalmaram e eu fui para casa tomar o meu chá.

A minha opinião normal sobre enigmas como a tábua Ouija é a navalha de Occam: quando tudo é igual, a explicação mais simples é, em geral, a melhor. Os psicólogos explicam o movimento da plaqueta com o efeito ideomotor: em geral, são duas ou três pessoas que estão com a mão no objeto, portanto nenhuma pessoa sozinha precisa aplicar muita força para que o grupo todo o faça mover-se e para que cada indivíduo imagine que está se mexendo sozinha. Mas o que aconteceu com aquele quarto no alto do Royal Mile? Não faço ideia, mas me arrisco a afirmar que existe uma explicação natural para isso também. E se não houver, consigo conviver com a incerteza sem engolir a afirmação de que as tábuas de espíritos rompem a membrana entre este mundo e o outro, e expõem os participantes ao ataque de demônios, que conseguem penetrar pela fenda.

Tudo isso me lembra que essa fascinação pelo destino dos mortos é uma preocupação humana antiga e permanente. Carrington não conseguia aceitar o fato de que todos os dias, pelo resto da vida, Lytton Strachey estaria ausente. A reação dela não foi perseguir a fantasia consoladora do contato com ele por meio do espiritualismo, porém calma e metodicamente matar-se. Até os dias de hoje, a história está repleta de casos de seres humanos tentando alcançar o além-túmulo para fazer contato com os entes queridos falecidos, fazendo o que fiz naquele dia ao entrar na igreja espiritualista. Saí imediatamente após ter entrado, pois não acreditava na possibilidade de comunicação com a minha falecida mãe; mas a força do impulso me fez cambalear e me deu um insight do luto e da saudade que dão a essas sessões sua atratividade duradoura. A estima pelos nossos entes queridos falecidos é um impulso profundamente arraigado, porém o que acontece é mais que tristeza. Se já é difícil admitir que as piadas acabaram para sempre, é quase impossível crer que a pessoa que as contava foi embora para nunca mais voltar.

Jamais voltarás,
Jamais, jamais, jamais, jamais, jamais![49]

Os cinco "nunca" de Lear formam uma das mais comoventes falas da literatura, pois perder um filho é o fato mais doloroso que a vida pode nos impor. Mas outras perdas também nos desorientam, até mesmo a morte do nosso amado cachorro velho. A nossa incredulidade perante a morte suscita muitas respostas às perguntas de Gauguin, não só quanto a para onde vamos, mas acerca da natureza da realidade suprema. De fato, pode-se argumentar que foi a morte que primeiro sussurrou a ideia de Deus e da alma na nossa cabeça. Por mais arrasador que seja, o luto tem sido um dos grandes motores da criatividade e da genialidade humanas. Perambular pelas cidades dos mortos, com seus memoriais às vezes confiantes, outras vezes esperançosos, é tocar nos mundos do luto. A necrópole de Glasgow fica no alto de um morro acima da catedral medieval. Construído para homenagear os mortos, talvez sirva de lembrete aos vivos de que o homem de pernas fortes e esbeltas da charada irlandesa nunca está longe e que pode nos alcançar a qualquer momento. Na minha opinião, ainda mais comoventes são os memoriais de guerra, nenhum mais forte que o Vietnam Veterans Memorial em Washington, DC. Foi inaugurado em 13 de novembro de 1982, na presença de mais de 150 mil pessoas.

> Cadeiras de rodas, fardas, velhas jaquetas do exército e um mar de condecorações acompanhavam a parada rumo à praça entre o Lincoln Memorial e o Washington Monument. Depois dos diversos discursos, quando finalmente

desceram as grades que protegiam o memorial, houve um silêncio prolongado, incômodo, quando examinavam o muro, se aproximavam dele, tocavam nele, caminhavam ao longo dele, procuravam nele os nomes de parentes ou camaradas falecidos. Um por um os veteranos começaram a sucumbir. Estranhos se abraçavam, chorando. Mães, pais, esposas, filhas, filhos, parentes e amigos dos mortos também desabaram e, em pouco tempo, a cena de pesar espontâneo levou às lágrimas também os repórteres e os radialistas.[50]

Desde aquele dia o Vietnam Veterans Memorial se tornou o monumento mais visitado dos Estados Unidos. Parte de sua força tem, sem dúvida nenhuma, relação com as tensões não resolvidas associadas à Guerra do Vietnã, mas Robert Pogue Harrison acha que também há algo de simbólico na

(...) solene seriedade do muro — a presença encriptada dos mortos — que parece transformar a morte dos ali homenageados em uma pergunta teimosa. O silêncio com que ela responde a essa pergunta dá aos painéis de granito preto com inscrições um poder quase esmagador de preservação. A necessidade irresistível que muitos visitantes sentem de tocar em um nome cinzelado, beijá-lo, falar com ele, oferecer flores ou presentes, deixar-lhe bilhetes ou cartas, é prova suficiente da presença privativa do morto na pedra — presença ao mesmo tempo constatada e refutada.[51]

Mais do que qualquer outro memorial aos mortos que visitei, este conjura a famosa frase de Dante: "Eu não sabia como a morte podia ter desfeito tantos."[52]

Harrison diz que a preocupação com os nossos mortos nos define como uma espécie de quem se poderia dizer que ser humano é enterrar. "Eu diria que os seres humanos não enterram simplesmente para obter enclausuramento e o efeito de separação dos mortos, mas também e, acima de tudo, para humanizar o terreno onde constroem seus mundos e fundamentam suas histórias". Ele afirma que, segundo Vico, esse enterro dos mortos era uma das três "instituições universais" da humanidade — junto com a religião e o matrimônio — e que *humanitas* em latim provém de *humando*, enterrando.[53] Vale notar aqui que a palavra traduzida como "homem" na versão do mito da criação na Bíblia do rei James é *adam*, trocadilho hebraico com *adamah*, "o solo".[54] Quaisquer que tenham sido as evoluções subsequentes no pensamento acerca da natureza e da origem da humanidade, segundo a Bíblia, fazemos parte em primeiríssimo lugar da natureza, da terra, e estamos destinados a voltar a ela. É por isso que, quando se baixa o caixão para a sepultura durante o culto cristão do enterro, o oficiante pronuncia as palavras: "Da terra à terra, das cinzas às cinzas, do pó ao pó". Parte do impulso de enterrar nossos mortos tem raiz na nossa afeição ao corpo daqueles que amamos e perdemos, junto com a nossa necessidade de realizar um ato de reconhecimento e separação. Mas também existe uma necessidade pronunciada em nós de devolver os nossos mortos aos elementos de onde vieram, seja enterrando-os na terra, queimando-os no fogo, ou lançando-os nas profundezas do mar. É por isso que o luto daqueles que não têm corpo para descartar é excruciante. Não têm a oportunidade de confirmar a situação de morte do falecido nem de expressar o choque diante do absoluto do que aconteceu. A Morte, o único absoluto inquestionável, é uma perda, para além de qualquer esperança de recuperação ou retorno, e precisamos expressar nossa surpresa no tocante ao que ela roubou de nós.

Virginia Woolf chamava a morte de "árvore insaciável", a dura realidade que está além de qualquer amenização: existiu um "eu" cuja vida foi tecida na trama do meu próprio ser; agora ela foi embora, foi cancelada, apagada. E as perguntas enchem a garganta: como pode simplesmente vanecer? Será que foi para outro lugar? E será que agora está completamente e para sempre fora do meu alcance? Os humanos não são os únicos animais do planeta que ficam desolados com a morte dos próximos, mas são os únicos que realizam rituais solenes de partida e adeus; e somos os únicos a expressar angústia em palavras, tais como a meditação de Neville sobre a morte de Percival em *As ondas* de Virginia Woolf.

— Morreu — disse Neville. — Caiu. O cavalo tropeçou. Foi cuspido. As velas do mundo giravam com violência e atingiram-me em cheio na cabeça. Tudo terminou. Apagaram-se as luzes do mundo. Aquela é a árvore através da qual não passo.

Oh, se eu pudesse rasgar este telegrama — devolver a luz ao mundo — dizer que isto não aconteceu! Mas para quê bater com a cabeça nas paredes? Trata-se da verdade. Trata-se de um facto. O cavalo tropeçou; ele caiu. As árvores brilhantes e a vedação branca estilhaçaram-se em mil pedaços. Toldou-se-lhe o olhar; sentiu um tambor ressoar junto aos seus ouvidos. Só então se deu a explosão; o mundo desabou; faltou-lhe o ar. Morreu ao chegar ao solo.

Celeiros e dias estivais passados no campo, salas onde nos sentámos — tudo isso pertence agora a um mundo irreal que já não existe mais. Deixei de ter passado... Para que tentar erguer o pé e subir as escadas? É aqui que me encontro; aqui, a segurar o telegrama. O passado (os dias estivais e as salas onde nos sentávamos) vão desaparecendo como se fossem papéis queimados contendo olhos vermelhos. Para que marcar encontros e retomar velhas amizades? Para que falar, comer, e combinar coisas com outras pessoas? Estarei sempre só a partir de agora. Ninguém mais me conhecerá... Não levantarei o pé para subir a escada. Vou-me deixar ficar um pouco mais debaixo desta árvore insaciável...[55]

Dada a nossa descrença a respeito do modo como a morte rouba de nós os nossos amores, não é de surpreender que tenhamos criado ritos e cerimônias para nos ajudar a expressar o nosso sofrimento e interiorizar a realidade da nossa perda. Mas os costumes tradicionais de enterros têm implicações mais profundas do que precisamos para dizer adeus e passar sob a árvore para entrar na vida solitária além da perda insaciável. Algo mais de imensa importância se diz. O *Book of Common Prayer* o expressa de maneira impressionante:

> Deus Todo-Poderoso, com quem vivem os espíritos dos justos tornados perfeitos, depois de libertos de suas prisões terrenas: humildemente recomendamos a alma deste vosso servo em vossas mãos, nas mãos de um Criador fiel e Salvador misericordioso; humildemente suplicamos que seja precioso para vós. Livrai-o, rogamos [...] de quaisquer impurezas que tenha contraído em meio a esta vida terrena por meio das luxúrias da carne ou da astúcia de Satanás, sendo purgado e limpo, que possa ser apresentado imaculado diante de vós.[56]

Essa prece, embora específica da tradição teológica cristã, contém uma ideia que nasceu da recusa humana de aceitar a finalidade da morte — o conceito da alma, que traz a convicção de que, embora nosso corpo morra, a essência fundamental da pessoa sobrevive à morte e entra em outro estado de ser. Quer acreditemos ou não, estamos propensos a considerar certa a existência da ideia (já existe há tanto tempo), mas como surgiu?

O mais óbvio que reparamos com relação aos mortos é que algo que costumava acontecer foi interrompido: não respiram mais. Talvez seja por isso que, desde quando se começou a pensar no mistério da existência, a ideia da alma ou essência interna da pessoa, o que as torna vivas e não mortas, era ligado à capacidade de respirar. É um salto minúsculo, portanto, associar a essência distintiva da pessoa à respiração. A palavra grega é *psyche*, que provém do verbo esfriar ou soprar — do modo como se sopra uma colher de sopa quente para esfriá-la. *Psyche* é o que nos faz viver, nos dá espírito, consciência, vitalidade. Essa é a palavra usada para traduzir a palavra hebraica *nephesh* da história da criação no Gênesis 2:7: "E formou o Senhor Deus o homem do pó da terra, e soprou-lhe nas narinas o fôlego da vida; e o homem tornou-se *alma* vivente." Na bíblia latina, a palavra é traduzida como *anima*. É óbvio que é a presença dessa força misteriosa que nos torna vivos, e a sua ausência que nos torna mortos; porém não avançamos nada no entendimento do que, quando muito, ela é e de onde veio. Até aqui não fizemos nada além de dar-lhe um nome: *nephesh*, *psyche*, *anima*, *alma*. A parte verbal é óbvia: nós respiramos e sabemos que, quando paramos de respirar, paramos de existir; mas é legítimo transformar o verbo em nome, passar de uma função, algo que fazemos — respirar, estar vivo — para algo que temos ou algo que somos? Será que, de fato, temos uma *psyche* ou *alma* que possa ser considerada, de certa maneira, separada do nosso corpo vivo, respirando, e seja uma coisa em si? O próximo passo no desenvolvimento da ideia pode estar na experiência humana da consciência de si, a noção que demos de que, de algum modo, transcendemos o nosso corpo; decerto deve haver algo além do que este cadáver em fabricação que é a nossa carne. Sigmund Freud indagava se a natureza não está sempre tentando regressar por meio da morte ao estado pré-animado de que partimos.

> Se pudermos, razoavelmente, supor que todo ser vivo morre — retorna ao inorgânico —, então só podemos dizer que *o objetivo de toda vida é a morte*, ou, para expressá-lo de maneira retrospectiva: *o inanimado existia antes do animado*. Em algum ponto, os atributos da vida foram despertados na matéria inerte pela ação sobre ela de uma força que ainda somos incapazes de imaginar. Talvez tenha sido um processo semelhante em essência àquele que, mais tarde, em certo nível da matéria viva, deu origem à consciência.[57]

E assim como a consciência deu origem à experiência do eu transcendente — e pode, por sua vez, ter suscitado a ideia da existência de um supereu transcendente ou Deus, que é tanto imanente na natureza, embora também transcendente para além da natureza —, também a antropologia religiosa elaborou uma imagem do "eu" humano como imanente no corpo, contudo essencialmente transcendendo-o e durando até além de sua dissolução.

Foi certamente assim que começamos a pensar em nós mesmos. Definimos uma diferenciação fundamental entre corpo e alma. Às vezes este é só um modo de conversar sobre o que é mais importante para nós: caráter, personalidade, "alma", o eu interior, distinto e talvez até oposto ao aspecto físico, externo, de mim. Essa diferença importante nos lembra, repito, da experiência humilhante de ser objetificado, quer pelo sexo, quer pela violência. Nessas circunstâncias, quando alguma espécie de força nos transforma em coisa, é importante ter em mente esse sentido do eu, uma "identidade que é diferente do corpo que sofre abusos. Só é preciso mais um passinho minúsculo para essa distinção tornar-se substancial. Não mais um modo de *falar* de nós mesmos, agora nós nos *vemos* como bifurcados, duais: algo que dura habitando por algum tempo algo que morre. E é a religião que começa a expressar essa dualidade de maneira mais impressionante. Podemos *ter* um corpo, mas *somos* algo mais, algo acima e além do físico: "E não temais os que matam o corpo, e não podem matar a alma; temei antes aquele que pode fazer perecer no inferno tanto a alma como o corpo."[58] Como chegamos da observação do fato óbvio de um corpo que respira e pensa à afirmação de que aquele que respira e pensa é uma entidade totalmente separada, que nunca morre, e que, se não for bem administrada, pode nos levar ao inferno?

Traçar essa progressão está longe de ser uma ciência exata, mas podemos detectar inúmeros marcos pelo caminho. Sonhar é um bom ponto de partida. Os sonhos nos intrigam há séculos. Estamos dormindo, inconscientes, mortos para o mundo, contanto animadamente vivos nos sonhos. Não é de admirar que o poeta grego Píndaro tenha afirmado que, quando o corpo estava dormindo, a alma estava desperta. Nietzsche não tinha dúvida de que o sonho era a origem da ideia do eu duplo.

> A separação entre corpo e alma [...] tem relação com a concepção mais antiga do sonho; também a hipótese de um quase-corpo da alma, que é a origem de todas as crenças em espíritos e, provavelmente, também da crença em deuses. "Os mortos continuam vivos; pois aparecem para os vivos nos sonhos"; essa inferência passou muitos milhares de anos sem refutação.[59]

Já que existem muito poucos dados para prosseguir, a maior parte do nosso pensamento sobre esse assunto tem de ser conjectural, e o que Nietzsche diz me parece um bom palpite. Antes que a alma fosse de fato incorporada ao pensamento religioso e filosófico, acreditava-se que ela era uma espécie de espírito dentro da máquina humana, aqui por uma temporada, então — bem, onde, exatamente? A ideia mais antiga parecia ser que, quando deixava o corpo que morria, ela ia para a morada dos espíritos que haviam partido, cujo nome era *Hades* em grego, *Sheol* em hebraico, traduzido na Bíblia do rei James como "túmulo" ou "cova": "Pois não pode louvar-te o Seol, nem a morte cantar-te os louvores; os que descem para a cova não podem esperar na tua verdade."[60] Nesse estágio inicial do pensamento sobre ela, a vida após a morte não era um lugar de punição; era um triste asilo de idosos cuja eletricidade fora cortada, uma deprimente sala de espera onde nunca acontecia nada. Mas foi desse conceito desagradável que todo o florescimento do inferno evoluiria na mente religiosa.

Enquanto construíam o inferno — porém antes que começasse a funcionar e receber almas — houve outro acontecimento, a julgar pelas aparências, mais humanitário. Essa era a ideia, mais notadamente associada com Platão, de que a alma preexistia à habitação humana em que foi condenada a residir. Era o ocupante eterno, incorpóreo, do corpo humano, cujo destino era renascer constantemente nos seres humanos. A transmigração das almas, ou metempsicose, é característica importante do pensamento oriental acerca da alma, e é a opinião predominante na religião hindu, com variantes em outras religiões, inclusive em versões do Budismo. Assim como todo o resto nessa área, é um conceito inteiramente especulativo, porém não deixa de ter seus atrativos morais. Para o tipo de cabeça que acha intolerável a desigualdade bruta dos assuntos humanos, oferece uma justiça suprema. O que a alma faz consigo mesma na vida em curso define o tipo de habitação que terá nas vidas futuras. Quanto melhor viver hoje, mais alto na escala estará na próxima vida, até que finalmente se liberte do ciclo incessante de reencarnações e seja absorvido pelo estado supremo. Há algo atrativamente calibrado nessa abordagem que se compara favoravelmente com a finalidade normal da ideia do Juízo Final que é uma característica tão destacada do cristianismo e do islã.

Mas nem mesmo o cristianismo tem uma opinião única e coerente acerca da alma e de seu destino final. Não é de surpreender que a Igreja Católica Romana tenha o enfoque mais claro e mais sistemático: é essencialmente uma síntese de ideias platônicas e hebraicas. Em comum com a maioria dos cristãos, o catolicismo crê que cada alma tem uma só vida e encara um juízo final depois da morte a respeito de como foi usada. Dependendo de como foi seu desempenho nesta vida, ela passará a eternidade no céu ou no inferno; embora exista alojamento a meio caminho no purgatório para aqueles julgados recuperáveis depois de um pouco mais de educação, mais ou menos à maneira como os tribunais terrenos às vezes poupam da cadeia os viciados em drogas se eles se submeterem a um período numa unidade de reabilitação. Os católicos são os mais platônicos no entendimento da transição da alma para a vida eterna na morte. Os cristãos que se aproximam mais da ideia de ser o homem pó animado, em vez de alma encarnada, creem que na morte o ser humano é totalmente aniquilado, corpo *e* alma, e retorna ao estado inorgânico de onde provém. Porém, assim como Deus animou o pó ao soprar vida na matéria inanimada, do pó inerte da morte Deus erguerá a pessoa para uma nova vida. Contudo, essa nova vida não será no reino material, mas no espiritual, necessitando de um outro tipo de corpo ou identidade. São Paulo definiu assim:

> Mas alguém dirá: Como ressuscitam os mortos? E com que qualidade de corpo vêm? Insensato! O que tu semeias não é vivificado, se primeiro não morrer. E, quando semeias, não semeias o corpo que há de nascer, mas o simples grão, como o de trigo, ou o de outra qualquer semente. Mas Deus lhe dá um corpo como lhe aprouve, e a cada uma das sementes um corpo próprio (...) Assim também é a ressurreição (...) Semeia-se corpo animal, é ressuscitado corpo espiritual.[61]

Embora nunca seja fácil descobrir aonde, exatamente, Paulo pretende chegar, esse trecho não parece teologia católica oficial. Os católicos, assim como Platão, creem na autonomia imortal da alma e são bem específicos acerca do momento de sua criação. Afirmam que cada alma passa a existir precisamente no momento da concepção, na fusão do óvulo com o espermatozoide. Deus não implanta uma alma preexistente no novo ser humano — puro platonismo —, mas Deus fabrica uma nova alma para cada ser humano e a implanta no momento exato da concepção. Essa é a raiz da implacável oposição da Igreja católica a qualquer forma de aborto. O olho nu pode conseguir enxergar só um agrupamento microscópico de celas no momento da fusão, menos que a cabeça de um alfinete, mas para a teologia católica essa partícula minúscula já tem uma alma eterna. Contudo, o catolicismo não está sozinho nisso, pois as outras religiões que creem na alma, inclusive outras versões do cristianismo, têm uma opinião mais gradualista a respeito do ato de infundir alma no corpo. Na ortodoxia grega, a infusão da alma acontece aos 21 dias; no islã, aos quarenta; ao passo que no judaísmo, leva oito dias. Tudo isso pode parecer totalmente inverificável para a cabeça secular, mas as crenças acerca do momento da infusão da alma surtem efeito profundo sobre comportamentos que não dizem respeito só ao aborto, mas à pílula do dia seguinte. Para quem acredita que a fusão de espermatozoide e óvulo cria, instantaneamente, uma alma imortal, então tomar a pílula do dia seguinte é tão equivalente ao homicídio quanto o aborto; em outras tradições religiosas, contudo, por acreditarem que a alma só aparece em momento posterior, as intervenções logo no início da gravidez, inclusive o aborto, são moralmente menos problemáticas.

Se passarmos imediatamente para o outro extremo do ciclo vital, o cristianismo é tão incoerente com relação ao momento preciso da ressurreição quanto no tocante à infusão da alma. Alguns cristãos creem que, na morte, a alma cai em sono profundo e fica em hibernação inconsciente até que a última trombeta a desperte para o juízo final. A crença de que os cadáveres se erguem do túmulo para serem julgados no último dia surtiu efeitos potentes nos costumes funerários cristãos. Se levada ao pé da letra, a crença torna a cremação impensável, pois não deixa corpo para ser recomposto no momento da última trombeta. Por isso a cremação foi abandonada por volta do século V d.C. no império romano sob influência do cristianismo. A prática só foi reativada no Ocidente no século XIX, mas, mesmo então, as Igrejas cristãs demoraram muito para aceitá-la. No catolicismo romano, finalmente foi permitida por uma instrução do Santo Ofício em 1963, mas ainda prevalece o mal-estar a esse respeito.

Uma variação da tese de que a alma fica adormecida até o grande despertar afirma que, na morte, a alma torna-se imediatamente presente no fim dos tempos, tendo percorrido toda a temporalidade sem perceber. A Igreja católica certamente não tolera atraso escatológico. Em perfeita simetria, ensina que no momento exato da concepção a alma foi criada, portanto, no momento da morte ela vai imediatamente para o julgamento; donde o medo ancestral de morrer de repente e despreparado. Isso quer dizer que a todo momento estamos, potencialmente, à beira da audiência final. Shakespeare acertou na teologia geral no solilóquio de Hamlet, quando ele decide matar o odiado padrasto, a quem descobriu rezando:

> Agora é propício fazê-lo: está rezando.
> Vou adiante. Mas eis que subiria ao céu —
> E seria isto vingança? Refletir é preciso:
> Um vilão do meu pai tira a vida, e logo eu,

Filho só que gerara, encomendo o mesmo
Ao alto.
Mas isto é paga e recompensa, não vingança.
Ceifou meu pai quando impuro e saciado,
No florir de suas faltas, tal qual em maio;
Suas contas, quais serão? Só os céus sabem.
Ao que parece, porém,
Teve castigo: estaria então eu vingado
Quando ao ceifá-lo limpava sua alma,
Estando pronto e propenso à passagem?
Não.
Alto, espada! Encontrarás ocasião mais horrenda:
Quando ao dormir embriagado ou quando em ira;
No prazer incestuoso de seu leito;
Jogando, blasfemando ou cometendo
Ato que não traga salvação;
Então derruba-o com as solas para os céus;
E que sua alma seja negra e funesta
Como o inferno que logo encontraria (...).[62]

Embora mais tarde os pastores cristãos tenham se detido nas descrições pormenorizadas do destino que aguardava as almas dos condenados ao inferno, o Novo Testamento é bem reticente nesse assunto. O único trecho que oferece algo semelhante a uma descrição da vida após a morte se encontra no Evangelho de Lucas, e há controvérsias acerca de sua autenticidade: é a lenda do pobre mendigo Lázaro e do homem rico, em cujo portão ele pedia pão. No antigo Oriente, histórias populares sobre alguém pobre e alguém rico cujos destinos de invertem no outro mundo são bastante conhecidas.[63] O interessante é não haver menção ao rico sendo punido pelos pecados, só pela riqueza, o que parece um autêntico eco de Jesus, com sua advertência de que seria mais fácil um camelo passar pelo buraco de uma agulha do que um rico entrar no reino de Deus,[64] texto que parece ter sido totalmente esquecido pelos ricos evangelistas de televisão da direita cristã.

> Ora, havia um homem rico que se vestia de púrpura e de linho finíssimo, e todos os dias se regalava esplendidamente. Ao seu portão fora deitado um mendigo, chamado Lázaro, todo coberto de úlceras; o qual desejava alimentar-se com as migalhas que caíam da mesa do rico; e os próprios cães vinham lamber-lhe as úlceras. Veio a morrer o mendigo, e foi levado pelos anjos para o seio de Abraão; morreu também o rico, e foi sepultado. No Hades, em meio a tormentos, ergueu os olhos, e viu ao longe Abraão, e Lázaro no seu seio. E, clamando, disse: "Pai Abraão, tem misericórdia de mim, e envia-me Lázaro, para que molhe na água a ponta do dedo e me refresque a língua, porque estou atormentado nesta chama." Disse, porém, Abraão: "Filho, lembra-te de que em tua vida recebeste os teus bens, e Lázaro de igual modo os males; agora, porém, ele aqui é consolado, e tu atormentado. E além disso, entre nós e vós está posto um grande abismo, de sorte que os que quisessem passar daqui para vós não poderiam, nem os de lá passar para nós."[65]

Quando chegamos ao Alcorão, céu e inferno são descritos com detalhes impressionantes.

> Assim castigamos os pecadores.
> Terão o inferno por leito, cobertos com mantos de fogo. (...)
> Os condenados ao inferno clamarão os diletos do Paraíso:
>   "Derramai por sobre nós um pouco de água!"...

E os que estiverem à esquerda — E quem são os que estarão à esquerda?
Estarão no meio de ventos abrasadores e na água fervente.
E nas trevas da negra fumaça,
Sem nada, para refrescar, nem para aprazar. (...)
Logo, sereis vós, ó desviados, desmentidores,
Sem dúvida que comereis do fruto do zacum.....

Em verdade, é uma árvore que cresce no fundo do inferno.
Seus ramos frutíferos parecem cabeças de demônios,
Que os réprobos comerão, e com eles fartarão os seus bandulhos.
Então, ser-lhes-á dada [a beber] uma mistura de água fervente...

Sabei que a árvore de zacum
Será o alimento do pecador.
Com metal fundido que lhe ferverá nas entranhas.
Como a borbulhante água fervente.
[E será dito aos guardiães]: "Agarrai o pecador e arrastai-o até ao centro da fogueira!
Então, atormentai-o, derramando sobre a sua cabeça água fervente.
Prova o sofrimento, já que tu és o poderoso, o honorável!
Certamente, há aqui aquilo de que vós duvidáveis."
Todavia, os tementes estarão em lugar seguro,
Entre jardins e mananciais.
Vestir-se-ão de tafetá e brocado, recostados frente a frente.

Estarão sobre leitos incrustados [com ouro e pedras preciosas]
Reclinados neles, frente a frente
Onde lhes servirão jovens [de frescores] imortais
Com taças, jarras, e ânforas, cheias de néctares [provindos dos mananciais celestes],

Que não lhes provocará hemicrania, nem intoxicação.
E [também lhes servirão] as frutas de sua predileção,
E carne das aves que lhes apetecerem.
Em companhia de huris, de cândidos olhares,
Semelhantes a pérolas bem guardadas.
Em recompensa por tudo quanto houverem feito.[66]

A complicação confiante e conflitante de algumas dessas descrições da alma deve nos alertar para a incerteza de tudo isso. É claro que os materialistas céticos não perderão tempo com nenhuma dessas especulações. Para eles, "alma" é só outro modo de falar da mente humana, que é uma função do cérebro, um órgão complexo sobre o qual sabemos muito mais do que nossos ancestrais quando embarcaram em suas teorias. Os neurocientistas agora dividem a mente em componentes distintos do cérebro e demonstram como os danos a essas áreas prejudicam funções específicas. Não está claro se alguma essência nuclear do eu permanece viva e consciente por trás da morte ou da morte parcial do cérebro. Relatos recentes de pessoas que se recuperaram de comas profundos e, enquanto incapazes de se comunicar, afirmam que estavam conscientes do que se passava ao redor, indicam que o eu deve ter mistérios que a neurociência ainda não conseguiu compreender. Não obstante, para os materialistas, o cérebro está para a mente como o hardware do computador está para o software: sem aquele este é inútil. Sejam quais forem as analogias que os materialistas ofereçam para captar a experiência do enganoso eu, eles não acreditam que tenha qualquer existência fora de seu envoltório físico. A consciência pode ainda ser um mistério; a existência da mente humana pensante, autotranscendente, pode ser um mistério maior; não obstante, os materialistas creem que sejam funções do cérebro e que desaparecem quando o cérebro desaparece, morre quando ele morre.

Não existe espírito na máquina, nem alma no corpo. Em nós a natureza decerto se animou, mas aconteceu algo ainda mais importante. É privilégio ou desgraça nossa ter começado a pensar e, assim, ter alcançado certa autonomia sobre a natureza. De fato, crescemos e nos afastamos da nossa mãe. É essa autonomia do eu — sua "eu"-dade — que torna quase impossível não especular sobre o mistério de sua natureza e de seu destino. Assim como os robôs que passaram a ter sentimentos e consciência no filme cult de Ridley Scott *Blade Runner: O caçador de androides*, é difícil não pensar — digam o que disserem os engenheiros — que somos mais do que química animada. *Pode-se* descrever o Concerto para *cello* de Elgar como fricção de crina de cavalo sobre cordas de instrumentos musicais, no entanto, embora a descrição seja, de certo modo, precisa, falta-lhe a essência, a alma. É por isso que, embora não contestem o relato químico, certas pessoas persistem em crer que parece faltar algo ao materialismo funcional, embora seja convincente e persuasivo em tantos aspectos.

O fato de estarmos envolvidos neste debate sobre *nós mesmos*, o fato de sermos capazes de nos promover até a eternidade, mesmo que teoricamente, demonstra como somos extraordinários — e perigosos. Pode-se até argumentar que a invenção da alma humana foi a pior coisa que poderia ter acontecido às outras criaturas com quem compartilhamos o planeta. John Berger decerto acha que é por isso que os animais desapareceram da nossa vida durante os dois últimos séculos.

O corte teórico decisivo veio com Descartes. Descartes interiorizou, *dentro do homem*, o dualismo implícito na relação humana com os animais. Ao separar absolutamente o corpo da alma, ele entregou o corpo às leis da física e da mecânica, e já que os animais não tinham alma, ficaram reduzidos ao modelo da máquina. (...) O modelo de Descartes acabou sendo superado. Nos primeiros estágios da Revolução Industrial, os animais foram usados como máquinas. (...) Mais tarde, nas sociedades ditas pós-industriais, são tratados como matéria-prima. Os animais necessários para a nossa alimentação são processados como mercadorias manufaturadas.[67]

É com certeza discutível se o nosso domínio cruel sobre os outros animais, de que falamos no capítulo anterior, é resultante do modo como nos espiritualizamos, de modo que agora vemos a nossa relação com a Terra não como a de um hóspede de passagem, mas como a de proprietário e patrão. A outra consequência perigosa da alma-pensamento é sua influência tóxica sobre o fanatismo religioso da variedade homem-bomba, para não falar dos séculos de abuso que giraram em torno da captura e da salvação das almas para a eternidade por meio de missões religiosas. Se fôssemos mais modestos nas nossas afirmações espirituais e víssemos "alma", sem o artigo definido ou indefinido, como uma dádiva temporária da natureza, e não como uma entidade eterna, então poderíamos começar a desfrutar dela pelo que é, do modo como desfrutamos das férias na casa de campo de um amigo, ou um livro que pedimos emprestado na biblioteca, sem esperar que dure para sempre. É verdade que a ideia da alma imortal feita à imagem de Deus contribuiu para a evolução da ideia dos direitos humanos inalienáveis — expressa no imperativo categórico de Kant de sempre enxergar os outros como fins, e nunca como meios nem objetos — e devemos agradecer por isso; mas podemos aceitar a boa ideia por si só, sem obrigatoriamente engolir afirmativas exageradas sobre sua origem. É bom e proveitoso tratar cada ser humano como um ser único e inestimável, mesmo que não aceitemos a ideia de que ele também tem alma imortal. Por que não podemos reverenciar os seres e respeitá-los por si mesmos, já que gostamos de ser tratados com respeito? Uma ética simples, baseada na gratidão pelo dom da vida e no respeito pelas outras criaturas assim dotadas, é algo modesto e prático. Também pode servir para limitar a nossa tendência à inflação moral e à arrogância que geralmente a acompanham.

A escala de opiniões acerca do mistério da identidade humana indica que poderia haver algo para todos aqui, dependendo da posição, ou do palpite, de onde partimos. O antigo mito do pó retornando ao criador na morte tem, claramente, um significado útil hoje. Poderíamos dizer que, na morte, o orgânico retorna ao estado inorgânico de onde veio, portanto, em certo sentido, nada se perde e a vida continua. Se formos atraídos pela ideia de que o planeta é o organismo vivo que nos deu à luz, então podemos encarar a morte como uma necessidade englobada dentro da vida do planeta em geral, mais ou menos como o corpo descarta células ao longo de todo seu período de existência. Se nos sentirmos atraídos por alguma das versões mais vagas do teísmo e pela possibilidade de que algum tipo de inteligência infunde o universo, então talvez nos ajude a metáfora da morte como um córrego que desemboca num rio, que desemboca no mar vivo. Os céticos desdenham de todas essas tentativas de amenizar a realidade da qualidade absoluta da morte, e se equipam para aguentar sua entrada no ostracismo com tanta graça quanto conseguirem. Da mesma maneira, os crentes tradicionais rejeitam qualquer tentativa de diluir a ideia da imortalidade da alma, e continuam a desejar que a vida do mundo venha após a morte — contanto que estejam confiantes em chegar ao destino preferido do outro lado.

Pessoalmente, acho que as asserções absolutas sobre a natureza e destino da alma humana são cada vez mais difíceis de aceitar. Tantos trilhões e trilhões de pessoas que morreram desde que recebemos as nossas almas — fazendo o quê? Não ligo muito para a versão hollywoodiana da vida após a morte, que encontra Audrey Hepburn sob uma árvore e sendo guiada para o que parece um belo jardim em clima californiano perfeito, mas até isso parece destinado à mortalha com o tempo: sendo o tempo, naturalmente, o que teríamos em estoque terrivelmente infinito. E nada de animais! Eu não gostaria disso, principalmente se o céu tem o objetivo de ser uma recompensa por termos sofrido aqui embaixo, considerando-se o sofrimento que proporcionamos aos animais: nós os escravizamos, abusamos deles, comemos — e nada! Se o céu tem algo a ver com justiça, deverá estar repleto de perus, galinhas, leitões, ovelhas e outros tipos de gado, para não falar de todos aqueles infelizes salmões de criação. Não, isso não conta. Enfim, se os animais não têm alma, como Descartes afirmava com confiança, embora tenhamos vindo de um estado anterior no desenvolvimento dos animais, em que ponto da evolução *nós* as adquirimos? Nós as adquirimos gradualmente, do modo como adquirimos as nossas características físicas, ou será que tivemos de esperar até determinado estágio do desenvolvimento humano para que fossem implantadas? Quanto mais penso nisso, menos gosto da ideia de *possuir* uma alma. Se eu tiver de fazer uma escolha sobrenatural, prefiro a concepção hebraica: nada de alma dentro de um corpo, de espírito na máquina, mas um todo animado: um corpo pensante sensiente melancólico enigmático com *alma*, o fator X, aquela coisinha que canta e reza e procura contato com os outros. E tenho a ideia de que todo esse ser pensante sensiente melancólico enigmático irá embora quando eu for. Tomara que sim. Não gosto de multidões, e o céu deve estar ficando cada vez mais lotado, pois a cada segundo morre alguém na Terra.

Mas, e o outro lugar? Dizem que a companhia é melhor, mas, se Deus ama os animais, estará repleto de magnatas dos supermercados e agropecuaristas industriais, um bando de gente sem coração, então eu também dispenso. Para mim é uma noite aveludada sem fim, obrigado. Não obstante, eu não ia querer persuadir ninguém a deixar de crer no paraíso, principalmente se servir de consolo por uma vida horrível, ou pela morte de um ente querido. Apesar das confusões e incoerências de se pensar na vida após a morte, ela tem uma lógica que concede uma espécie de concordância com o que sabemos da natureza e de seus processos. Embora a linguagem do mito da criação seja concretíssima, é compatível com o que sabemos que foi um processo de animação gradual, das formas primordiais de vida à completa consciência de si dos seres humanos. Os supernaturalistas optaram por crer que o agente desse processo — a causa de tudo — foi "Deus". Os naturalistas normais optaram por acreditar que a natureza, por algum processo que não compreendemos totalmente, apareceu na existência orgânica e, mais tarde, se animou. Tanto as soluções do quebra-cabeça da vida dos supernaturalistas quanto dos naturalistas normais compartilham as mesmas características. Cada uma envolve postular uma realidade existente por si só, quer seja Deus, quer seja a Natureza, que não podemos ultrapassar, pois não existe ponto de vista de lugar nenhum que nos proporcione uma perspectiva objetiva externa do assunto. Mas algumas mentes recusam-se a ser levadas a qualquer um dos modos de executar o quebra-cabeça da existência, e é por isso que alguns de nós achamos que a reação mais honesta a esses mistérios é uma espécie de agnosticismo ansioso, que se sente mais à vontade com os vislumbres enevoados do mito do que com as clarezas reluzentes da religião ou da ciência. Mesmo assim, o agnóstico vai admitir que é, decerto, teoricamente possível que haja uma Causa Sem Causa além do nosso conhecimento que corresponde a algo como a imagem tradicional de Deus; ele também vai admitir que é teoricamente possível que o universo seja autoexistente, sem nenhum além ou exterior de onde qualquer ato externo possa ter agido sobre ele. Tragicamente, nenhum desses enfoques adversários foi capaz de resgatar a humanidade do seu vício de morte e escravidão. Embora os mitos da Bíblia hebraica expressem o efeito catastrófico que a nossa crueldade e descontentamento surtiram sobre a Terra e as criaturas com quem a compartilhamos, evoluções teológicas mais recentes no cristianismo e no islã parecem expressões mais escatológicas da nossa crueldade do que contestações a ela. As visões do inferno em ambas as tradições têm uma semelhança notável com o que fazemos na Terra há séculos, e o fazemos com uma fúria mais insistente a cada ano que passa.

Mas existe outra tradição espiritual que pode conter sabedoria e compaixão suficientes para nos dar o estímulo de que precisamos para lidar com os horrores que estamos criando para nós mesmos. Assim como o mito hebraico da criação no Gênesis é adaptável ao que agora conhecemos como evolução da vida na Terra, também alguns insights psicológicos do budismo são adaptáveis ao que agora sabemos acerca dos descontentamentos incessantes da psique humana. Para o Buda, não somos almas imortais que habitam corpos mortais; somos seres finitos tragicamente conscientes das nossas próprias fomes transitórias que parecem destinados a continuar repetindo os nossos erros vida após vida, até o futuro distante. Isso parece uma versão secular da lei hinduísta do carma. *Carma*, que significa "atos" ou "obras", é a ideia de que o modo como vivemos nesta vida define o tipo de vida que teremos em existências futuras. Nossos pensamentos, palavras e atos têm consequências éticas contínuas que decidem nossas vidas futuras. No pensamento hindu isso é entendido literalmente, como uma progressão infinita de encarnações. O Buda, que parecia defender essa antiga crença da Índia, modificou-a de maneira tão radical que a deixou irreconhecível; não obstante, ao fazê-lo ele lhe deu valor e utilidade duradouros. Ele ensinava a veracidade da doutrina da reencarnação, mas sem ter de acreditar que qualquer alma passasse de uma existência para outra. Se não há alma para migrar para outra existência, o que segue adiante? O Buda entendia como o nosso incessante descontentamento se lança à frente de si mesmo para marcar a vida daqueles que nos sucederão, bem como daqueles que estão à nossa volta. Embora nós não passemos a outras formas de existência, o modo como vivemos deixará sua marca, para o bem ou para o mal, no mundo que nossos filhos e os filhos dos nossos filhos herdarão. Assim como o mundo porta as marcas dos *nossos* ancestrais, também ficará por muito tempo com as marcas das feridas que lhe infligimos. O Buda tinha conhecimento profundo da tristeza que se acumulava e da irrealidade final do "eu". Porém, embora ele não enxergasse solução para o fardo de sofrimento que passamos adiante de uma existência para a seguinte — a não ser pela prática do desapego —, ele nos exortou à prática da moderação e da compaixão enquanto estamos na jornada para a dissolução. Se estivermos igualmente revoltados com as escatologias cruéis da religião organizada e com o egoísmo insensível do secularismo moderno, podemos fazer o nosso protesto seguindo o caminho da compaixão. Estamos todos, por algum tempo, presos à roda da existência, girando no espaço, antes de sermos lançados nas trevas: então por que não podemos reconhecer a finitude comum, nosso tempo curto sob o sol, e viver de um modo que honre a existência, não só dos nossos irmãos humanos, como também das outras criaturas que dividem conosco essa jornada em comum até o túmulo? A compaixão não vai extrair do mundo sua dureza trágica, nem vai remover a tristeza que descobrimos no âmago do universo, marcado por mudanças e ruína. Mas pode ajudar a amenizar o grito de tristeza quando todos passamos sob a árvore insaciável rumo ao mistério do além.

Uma boa forma de iniciar essa obra de compaixão é aplicá-la ao modo como *pensamos*. Apesar das nossas firmes declarações e das convicções alardeadas, nunca podemos ter muita certeza sobre quem somos, de onde viemos nem para onde vamos: não obstante, é nessa mesma incerteza que se desenvolvem as nossas reações intelectuais e religiosas à vida. Em vez de nos destruirmos com nossas discordâncias, deveríamos levar um pouco de humildade e bondade ao debate infindável que temos conosco mesmos sobre nós. Isso, afinal, é o que tentarei atingir no próximo capítulo.

4
Sofrimento

Nunca ouviram falar do louco que, em pleno dia, acendeu uma lanterna e correu ao mercado e pôs-se a gritar sem cessar: "Procuro Deus! Procuro Deus!" Como lá se encontrassem muitos daqueles que não acreditam em Deus, o seu grito provocou grande riso. "Então ele está perdido?", perguntou um deles. "Ter-se-á perdido como uma criança?", dizia um outro. "Estará escondido? Terá medo de nós? Terá embarcado? Terá emigrado?" Assim gritavam e riam todos ao mesmo tempo.

NIETZSCHE

Qualquer pessoa que perdeu para a morte aquele a quem ama fica espantado ao ver que o mundo segue em frente quando o mundo dela acaba de chegar ao fim. No capítulo anterior, mencionei o efeito desorientador que a morte de minha mãe teve sobre mim. Ela morreu no verão, e me lembro de estar sentado, perplexo, naquele trem quente que me levava para ver o corpo dela pela última vez. O trem fazia paradas nas estações de costume ao longo do trajeto; algumas pessoas saltavam e outras entravam. O interior que eu contemplava era lânguido no calor e, sob as árvores, as vacas balançavam o rabo para afastar moscas persistentes. Tudo estava como de hábito, contudo, para mim tudo havia mudado. Estranhamente, apenas algumas semanas antes disso eu tinha feito um sermão sobre o problema do sofrimento para a minha congregação em Edimburgo e havia citado W.H. Auden:

> No que toca o sofrer, jamais erravam
>   Os Velhos Mestres: quão bem entendiam
>   Sua posição humana; como vem
>   Enquanto alguém come, abre uma janela ou só caminha
>   a passos lentos.[68]

Eu ainda não conhecia o poema de Auden que se tornaria famoso vinte anos depois no filme de Richard Curtis e Mike Newell, *Quatro casamentos e um funeral*. Na cena mais comovente do filme, Matthew, interpretado por John Hannah, recita Auden no enterro do parceiro Gareth, interpretado com exuberância por Simon Callow. O poema nos diz que, depois da morte dele, até as estrelas são indesejáveis agora, e que podemos

> Esvaziem o mar, varram os matagais,
>   Pois bem nenhum doravante virá, jamais.[69]

O sofrimento contrai tudo e transforma num instante eterno. Também nos obriga a formular a grande pergunta sobre o significado de tudo. É por isso que é uma pena aumentarmos ainda mais os nossos problemas discutindo uns com os outros, de maneira tão violenta, sobre o significado deles. Em suas múltiplas formas, a religião nos fornece a maioria das respostas às questões impostas pelo sofrimento. O paradoxo é que sua combatividade inerente aumenta muito mais o problema que, com tanta confiança, pretende resolver para nós. É por isso que muitos pensadores de hoje, além de rejeitá-la, acusam-na de ser a fonte da maioria dos males que afligem a humanidade. Há um debate bem feio a respeito de tudo isso no momento, e é por isso que acho que devemos levar mais humildade e bondade à discussão. Detecto quatro tipos de respostas à pergunta que a vida e seu sofrimento apresentam à humanidade. Assim como qualquer coisa incertam e especulativa como essa, as respostas entram umas nas outras ao longo de um eixo contínuo e, ao captar cada nuance, é possível perceber um número quase infinito de matizes e variações. Não obstante, é provavelmente mais útil definir os tipos com algum tipo de precisão e clareza, embora lembrando que nada do que é humano é tão organizado quanto isto vai parecer. A palavra que paira sobre toda essa área problemática é *significado*. Normalmente reconhecemos que, para que algo signifique alguma coisa, deve haver alguém para dar-lhe tal significado, portanto a questão número um é saber se existe uma realidade cognoscível externa ao universo que a propõe. A resposta clássica, pré-moderna, a essa questão era que o grande gerador de significados era Deus. Naquele tempo, era evidente que, já que nada provém de nada, a natureza precisava ter um provedor de significados, bem como um criador. A loucura estava em tentar descobrir quem criou o criador, então, a fim de fazer cessar a loucura, o criador foi definido como incriado: ele era autoexistente e não tinha começo nem fim. Era isso que "Deus" significava. Já que estou entediado com o debate que cerca essa questão, e como acredito que esse caminho não vai dar em lugar nenhum, além de nos fazer andar em círculos, não tenho interesse em dizer quem está certo e quem está errado no modo como essa concepção ainda é discutida; estou, porém, interessado em tentar relatar o que outras pessoas pensam a esse respeito. Prefiro dizer que é assim que de fato pensam sobre essas questões do que dizer é assim que têm obrigação de pensar. Seja como for, é o método anterior que quero tentar, mas preciso apresentar mais uma ideia preliminar antes de mergulhar no vórtice.

Para explicá-la, vou tentar usar uma analogia com o sinal de rádio. Antes que o rádio digital tornasse tudo cristalino, muitos de nós passávamos um bom tempo dentro dos nossos carros girando botões para obter o melhor sinal enquanto dirigíamos pelo país. Todos conhecíamos bem a frustração de perder o sinal completamente ao passar por um vale estreito e voltar a captá-lo ao chegar na cidade grande. Por trás da ideia de Deus está a ideia vinculada de *revelação*, que é, em si, uma espécie de transmissão de rádio. Nas brumas do passado, quando se acreditava que a humanidade tinha uma sintonia psíquica maior com a frequência divina, entendia-se que Deus se anunciara a suas criaturas com uma série de recursos revelatórios, entre eles visões, audições, sonhos e inspirações. Dos tempos distantes do sinal claro para cá houve um desenrolar interessante. Não se acha mais que o radialista divino fala diretamente com os indivíduos. As autoridades que sempre assumem o controle da religião assim que ela se institui desconfiam de quem declara ouvir a voz divina, na verdade, o tipo de pessoas que dá vida às religiões. Certo bispo disse a alguém que ouvia essas vozes: "Meu senhor, fingir que recebe revelações extraordinárias e dotes do Espírito Santo é uma coisa terrível, uma coisa muito terrível."[70] É por isso que os líderes que assumem o controle de seitas sempre fecham a rede de rádio da comunidade e a trocam por uma minuta escrita do encontro divino, oficialmente autorizada pelos ouvintes originais. Fecham a estação e a trocam por um livro, um texto visível que possa ser publicamente ouvido por meio de recitação. A principal vantagem disso é que dá aos líderes mais controle sobre os fiéis do que teria sido possível se permitissem que todos entrassem em sintonia direta com a voz de Deus. A teoria oficial era de que já houve um tempo em que Deus falava diretamente com indivíduos, mas esse tempo acabou. A transmissão fora interrompida havia séculos, mas isso não era problema. Durante o período em que estivera *on-line*, Deus dera instruções relativas a tudo o que a humanidade precisava para entender e organizar sua vida. Essas instruções foram guardadas para as gerações subsequentes, portanto só precisavam abrir o arquivo que continha as transações originais, ler e obedecer. O perigo disso é que, agora que podem ler por conta própria as transmissões originais, por que precisam de líderes para lhes dizer o que significam? Agora têm tudo por escrito, e o que há de grandioso nas palavras em papel é que se pode discutir incessantemente sobre o que, de fato, significam, apesar das tentativas oficiais de instituir um único significado autorizado. Os livros estão notoriamente sujeitos a interpretações diversas. É por que, além dos próprios livros sagrados, no decorrer dos séculos acumularam-se outros volumes ao redor deles, oferecendo-nos uma série de maneiras de interpretar o significado das transmissões originais. Como em geral acontece com essas coisas, esses textos secundários alcançaram uma reputação sagrada para si mesmos e ficaram sujeitos, por sua vez, a interpretação. Esse processo em constante ramificação deu origem a um vasto setor acadêmico profissional chamado teologia, cujos métodos, até os dias de hoje, são marcados por uma extraordinária competitividade e discórdia — o que talvez não seja de surpreender, dado o caráter inapreensível do assunto do estudo. De dentro dessa balbúrdia de afirmações e contra-afirmações detecto quatro reações à procura humana de significado.

Usando a metáfora do rádio, descrevo a primeira marca nessa longa série ou longo espectro como religião *forte*, porque declara estar de posse de um sinal claro e perfeito do divino. Naturalmente, podemos afirmar que nenhuma empreitada humana é refratária à mudança e ao desafio de novos conhecimentos, inclusive a religião; não obstante, os fiéis da religião forte estão determinados a manter a fé isolada das marés erosivas da história, pelo menos em suas próprias comunidades. Há demasiados exemplos do fenômeno para possibilitar uma descrição bem abrangente, mas alguns exemplos simbólicos ajudarão a dar uma ideia. As religiões fortes são sistemas sociais e de dados: afirmam ser proprietárias de um cabedal de conhecimentos revelados acerca de como nasceu o universo; afirmam estar de posse do manual final e inalterável de estilo de vida, ditado por Deus durante as transmissões originais. Essas declarações inevitavelmente deixam a religião forte em rota de colisão com a vivência histórica da humanidade, o que traz o desafio constante de novos conhecimentos e novos modos de vida. Um exemplo atual bastante evidente é a dissonância entre o relato criacionista da formação da Terra e suas populações animais, e o relato científico, que é hoje amplamente aceito pela opinião secular culta. Não é necessário entrar em detalhes desse fenômeno já exaustivamente descrito, mas sua essência é o compromisso do crente na religião forte com a inerrância dos textos religiosos antigos, tais como a Bíblia. Considera-se que as opiniões da Bíblia, inclusive sua astronomia, superam todas as descobertas subsequentes e o pensamento que delas provém. Se a Bíblia diz que Deus criou o mundo e seus habitantes em seis dias, então é isso. O fato de que alguns criacionistas tentem usar as ciências em apoio à declaração bíblica só serve para provar que até eles podem ter dificuldade para transmitir o próprio recado, ou seja, que a Bíblia é a autoridade absoluta e que o crente deve se comprometer totalmente com as opiniões expressas nas escrituras, mesmo quando refutam com veemência os conhecimentos geralmente aceitos. Conheci um geneticista, cristão crente, que tentou provar que a partenogênese, ou gravidez sem fecundação, era cientificamente possível. Não me pareceu convincente, mas achei que a argumentação dele era mesmo irrelevante: a importância de uma gravidez de virgem não é algo que se comprove em conformidade com a natureza, mas seu caráter miraculoso; com Deus tudo é possível, até o que vai diretamente de encontro às leis da natureza. Essa é a pura posição da fé e, na verdade, ganha força com o que o mundo considera ser o seu absurdo; é por isso que os apóstolos do secularismo estão perdendo tempo com a tentativa de refutar seus adeptos com base na razão. A pequenez da razão humana e suas arrogantes descobertas não são consideradas nada se comparadas ao poder de Deus Todo-Poderoso.

O outro lado desse desafio contracultural tem ligação com os sistemas sociais. Além de os conhecimentos ou ciências de milhares de anos atrás serem considerados permanentemente definitivos, também o são as convenções sociais, tais como o status das mulheres e dos homossexuais. O mais impressionante símbolo da forte resistência religiosa às normas contemporâneas é o recente surgimento de mulheres muçulmanas totalmente cobertas com a burca nas ruas das cidades europeias. A burca é uma peça do vestuário feminino que cobre o corpo inteiro. O fato de não ser mencionada no Alcorão, e de que a recomendação de seu uso seja interpretada de maneiras variadas pelos acadêmicos islâmicos, é irrelevante no que nos concerne aqui. A alteridade marcante da visão de uma mulher envolta numa burca fazendo compras em um supermercado inglês é um sinal de ansiedade religiosa, bem como de desafio. É uma refutação eloquente da força reificante do olhar lascivo da sexualidade masculina; contudo sua própria proteção às mulheres é uma força reificante. Poderíamos dizer, por conseguinte, que a tentativa de um conselho escolar do Kansas de exigir que se ensine o criacionismo nas escolas locais e a decisão das mulheres muçulmanas de Bradford de começar a usar a burca são, ambas, símbolos da afirmação contracultural da posição religiosa forte. E reparar numa diferença interessante pode tornar mais clara a contestação. Nas religiões estabelecidas, os crentes tradicionais costumam considerar inconscientemente inquestionável seus hábitos e convicções rituais como algo natural, sem ter de pensar muito a esse respeito. O crente tradicionalista, pelo contrário, talvez vivendo em uma cultura plural, é aquele que escolhe de maneira contestadora e consciente agir de modos que desobedeçam às normas predominantes. O *tradicionalismo* é uma perspectiva mais próxima da ideologia do que da fé, no sentido de que é um conjunto de ideias que define a si mesmo na oposição autocrítica aos outros sistemas. A indicação da presença do estado de espírito ideológico é a presença do sufixismo denunciador. Criacionismo, fundamentalismo, marxismo, capitalismo de mercado global, tudo isso se distingue por um conjunto de ideias interligadas, que se somam para formar um sistema total que se deve aplicar de um modo rotineiramente rígido. Esse forte uso ideológico da religião é predominante no nosso mundo atual. Os comentadores percebem muitas incoerências na posição religiosa forte, sendo que a principal é o modo como ela usa, habilidosamente, as tecnologias da modernidade para refutá-la. Por exemplo, os movimentos islâmicos que pedem a instituição de um califado universal são brilhantes no uso da internet e das redes de celulares — os símbolos da modernidade — para solapar o próprio sistema que torna sua campanha eficaz. E nenhum evangelista cristão nos EUA poderia enfrentar a concorrência sem sua avançadíssima rede de transmissão.

Não obstante, apesar da confiança de que não existe pergunta que sua fé não saiba responder, a existência de sofrimento impõe a mais complicada dificuldade filosófica para os crentes fortes — ou, se não para os próprios crentes, decerto para aqueles que estudam as declarações que eles fazem. O problema está no próprio significado de "Deus". Por definição, Deus precisa ser identificado em superlativos. O homem pode ter alguns conhecimentos, mas Deus possui todos os conhecimentos. O homem pode ter algum poder, mas Deus possui todo o poder. O homem pode ter alguma bondade, mas Deus possui toda bondade. A lógica disso está bem clara. O homem tem o que os filósofos chamam de existência contingente: Deus, e não eles, é a fonte de sua existência; portanto, seus atributos e capacidades dependem de sua fonte ou criador. Já tentamos pensar na impossibilidade de voltar até antes do Big Bang, até o que existia antes que existisse algo *lá*. Como vimos, os cientistas preenchem essa lacuna postulando o que chamam de singularidade, um mistério desconhecido que representa o que o nosso conhecimento ainda não sabe explicar. Em certo sentido, Deus é uma singularidade filosófica, um modo de preencher o abismo que boceja no início da sequência causal. E assim como a singularidade científica precisa conter em forma embriônica o todo do universo em expansão, também Deus tem de ser a fonte, não só do universo material, mas do moral e do espiritual, o universo dos valores. Cada singularidade tem de conter toda a história subsequente em semente, que é onde a singularidade divina alcança sua maior dificuldade. Não tem sentido responsabilizar moralmente a singularidade científica pela história subsequente, pois ela não é tida como agente responsável capaz de intenção: é melhor caracterizada como força cega. Nem o mito científico deixa de ter seus problemas, naturalmente, porque ainda nos deixa com a dificuldade de explicar o surgimento da piedade em um universo indiferente. A singularidade divina encara o problema oposto. Por definição, não é tida como cega, mas como fonte intencional de tudo, inclusive da moralidade. É a fonte de toda virtude, a fonte de todo significado. Existem algumas analogias físicas que captam a neutralidade ou indiferença moral da singularidade científica: poderíamos compará-la com uma subida de tensão elétrica impessoal, por exemplo. Mas todas as analogias da singularidade divina acabam por fundar-se em alguma ideia de responsabilidade pessoal. Seria estranho responsabilizar moralmente pelo Holocausto a singularidade científica, porque ela não tem vontade pessoal. Mas, se Deus é Deus conforme definido na tradição ocidental, possuindo vontade e intenção, e em sentido superabundante sendo uma *pessoa*, então ele é a destinação final dos problemas: em última instância, é o responsável pelo Holocausto e por tudo mais. Como os crentes fortes reagem a esse desafio colossal?

Não de maneira muito convincente, deve-se dizer. Na tradição cristã, o problema do sofrimento tem todo um departamento teológico para si chamado "teodiceia", das palavras gregas que designam deus e justiça. Esse aspecto da erudição teológica pretende defender Deus da acusação de ser cúmplice ou responsável pela crueldade de seu universo. Mas o modo de expor o problema já indica uma evolução no modo de pensar em Deus. Para a mente supersticiosa antiga o problema não era explicar a crueldade divina, mas evitá-la. A religião primitiva aceita sem questionar que os deuses sejam monstros caprichosos, que podem, às vezes, ser subornados, como todos os valentões, com propinas ou diversões. O sistema de sacrifícios deve ter tido origem nisso. Desde o início os seres humanos sempre acharam difícil definir Deus, descobrir como ele é em si, então tiveram de recair em analogias com os seres humanos. Para a mente primitiva, era racional que, se Deus é o poder supremo, *a* força X, então a semelhança mais próxima a ele na Terra é o tirano ou o governante absoluto. E já que nunca soubemos quando, como Al Capone, ele ia dar com o bastão de beisebol no seu crânio, a experiência ensinava que era sensato manter o grande homem calmo e agir com cautela na presença dele.

A arbitrariedade desse sadismo onipotente evoluiu para algo mais sistemático na primeira teoria do sofrimento, que tinha como premissa a descoberta de que, ao contrário dos entendimentos anteriores do divino, Deus tinha, de fato, uma ética. Acreditava-se, então, que o sofrimento fosse castigo pelo pecado, por ofender a justiça de Deus. Há, claramente, uma lógica moral em se pensar que os transgressores devem ser chamados a prestar contas por seus crimes, e ela está por trás da evolução de todos os sistemas de justiça criminal. Como, precisamente, Deus se compromete com o sistema judiciário tem sido uma interminável especulação com pouco ou nenhum resultado coerente. A teoria mais consistente é a ideia do juízo final, quer imediatamente após a morte quer em algum grandioso ajuste de contas mais tarde, quando os livros serão abertos e seremos responsabilizados pelo que fizemos durante a nossa jornada na Terra. Afora a simetria impressionante da ideia, ele é teoricamente calculado com um registro preciso dos nossos atos, presumivelmente recolhidos pela iniciativa de algum tipo de sistema infalível de vigilância. Mas a solução do juízo final para o problema do sofrimento provocado pela maldade humana não foi a primeira oferecida: também havia uma teoria de avaliação contínua e juízo imediato, mas sua história tem tido altos e baixos. A teoria rezava que o universo estava repleto de câmeras de circuito interno de tevê que registravam os comportamentos transgressivos e os puniam instantaneamente. Pelos sofrimentos da pessoa era possível saber quem desobedeceu às leis. Já que Deus recompensava os justos e castigava os maus, quem estivesse se saindo bem era considerado justo, e se estivesse se dando mal, era considerado perverso. Encontramos sua expressão mais eloquente no Salmo 37:

> Não te enfades por causa dos malfeitores, nem tenhas inveja dos que praticam a iniquidade. Pois em breve murcharão como a relva, e secarão como a erva verde. (...) Porque os malfeitores serão exterminados, mas aqueles que esperam no Senhor herdarão a terra. Pois ainda um pouco, e o ímpio não existirá; atentarás para o seu lugar, e ele ali não estará.

Curiosamente, o livro mais interessante da Bíblia hebraica é uma resposta dirigida, com precisão, a essa teoria do sofrimento humano. O Livro de Jó mergulha de cabeça nessa teoria. Jó, um homem justo — e que Deus sabe que é justo — é submetido a sofrimentos terríveis para testar sua fé em Deus. Depois de ler o prólogo do livro, onde o teste é aprovado, o leitor sabe o que está acontecendo, mas os amigos de Jó que têm mentalidade convencional não estão na conspiração. Depois de testemunhar o ataque devastador de sofrimentos que envolveu seu amigo, eles se reúnem ao seu redor para consolá-lo, mas o interrogam com base na aceitação irrefletida da teoria oficial: o que você fez, Jó, para que Deus lhe aplicasse tamanho castigo? Jó, por outro lado, vem fazendo a Deus uma pergunta baseada na mesma teoria: sabeis que sou justo, contudo, aqui estou, sofrendo tormentos inacreditáveis, então o que está havendo, o que aconteceu com a competência do seu sistema? Embora o livro responda à pergunta feita *a* Jó pelos seus pretensos consoladores, não responde à pergunta *de* Jó a Deus. Deus derrota os amigos de Jó por sua submissão à teoria oficial, mas, embora declare que Jó é inocente, jamais oferece uma justificativa para seus sofrimentos. Não faz nada além de impor sua autoridade e vociferar como um prelado ofendido: "Contenderá contra o Todo-Poderoso o censurador?"[71]

Essa teoria antiquíssima é tão fácil de contestar com base no mais superficial exame da história que é surpreendente encontrá-la ainda ativamente apresentada como modo de explicar os sofrimentos que afligem a humanidade. Porém, ela se prende à psique humana como uma velha culpa, talvez por estar arraigada na consciência coletiva da raça. Qualquer pessoa envolvida no trabalho pastoral reconhece seu resíduo resistente no grito: "O que fiz para merecer isso? Tento levar uma vida virtuosa, aí acontece isso..." E isso funciona tanto no nível pessoal quanto coletivo: Deus, ao que tudo indica, além de castigar indivíduos pelas transgressões, também castiga sociedades inteiras por pecados de indivíduos. Foi o que nos disse, por exemplo, o falecido Jerry Falwell, líder do fundamentalismo cristão nos EUA, que afirmava ter sido a atrocidade de 11 de Setembro um castigo de Deus à América liberal por seu apoio ao aborto e aos direitos dos homossexuais. Ouviu-se uma acusação semelhante proveniente dos clérigos muçulmanos da Indonésia depois do tsunami na época do Natal de 2004: Alá estava purificando a terra dos efeitos corruptores do turismo ocidental em sua sociedade antes puramente islâmica. Ouvia-se uma variação da teoria durante os primeiros dias da pandemia de aids, quando os clérigos evangélicos proclamaram que era o juízo de Deus sobre os homossexuais. Era um "câncer gay", e essa repetição das pestes com que Deus castigou os egípcios foi intencional, e não acidental. Ninguém parecia incomodar-se com o fato de que um Deus capaz de criar um vírus precisamente destinado às transgressões sexuais não se interessasse por atacar os fabricantes de armas ou os cartéis internacionais das drogas com a mesma precisão tão sofisticada.

Ao pensar na responsabilidade de Deus pelo sofrimento, os teólogos distinguem o sofrimento provocado por forças naturais e o sofrimento provocado por atos humanos intencionais como o 11 de Setembro. Já reparamos que estamos entre o monstro e o santo, na batalha humana entre aqueles que servem e aqueles que destroem a comunidade. Percebemos como é fácil para nós observar e permitir que o mal prospere. E observamos com que frequência conspiramos com os grandes estraga-prazeres da comunidade humana. Os teólogos afirmam que isso livra Deus da responsabilidade pelo sofrimento. Ele nos deu o livre-arbítrio, então nós, e não ele, somos claramente responsáveis pelo uso que fazemos dele. Se eu lhe der uma motocicleta potente e você atropelar um grupo de crianças, a culpa da morte e da mutilação das crianças é sua, e não minha. Bem, até certo ponto. Por outro lado, se você, sendo onisciente, soubesse perfeitamente bem que eu tinha probabilidades de ser descuidado com uma máquina tão perigosa, então decerto teria alguma responsabilidade pelo que aconteceu? Enfim, não é como se o livre-arbítrio tivesse sido entregue à humanidade completo, com informações, aconselhamento e advertências acerca de saúde. Já vimos como a nossa consciência humana é confusa e atrapalhada, e como a nossa apreensão da liberdade é parcial e urgente. Não obstante, os teólogos são especialistas em usar material improvável em apoio à sua causa, e a dificuldade que todos encontramos para aprender a viver com responsabilidade é citada em evidência aqui. Não há dúvida de que grande parte do sofrimento que aflige a comunidade humana nos últimos cem anos — para não regredir demais — foi causada pela iniciativa humana. Entre todos, três dos maiores monstros do século XX — Hitler, Stalin e Mao Tsé-Tung — foram responsáveis pela morte e pelo sofrimento incalculável de centenas de milhões. Não obstante, embora essa diferença possa ser um exemplo recomendável da improvisação teológica, a tentativa de limitar a responsabilidade de Deus ao sofrimento por catástrofes naturais ainda o deixa com uma folha corrida bem longa, a não ser que possamos inserir clandestinamente alguma ideia de responsabilidade cósmica e começar a culpar a própria natureza. Na verdade, parece que São Paulo acreditava que o planeta era vítima de algum tipo de catástrofe moral que o arrancou da paz do Éden para uma situação que ele igualava a um trabalho longo e árduo. Porém, seja como for que o fatiemos, continua difícil para algumas pessoas adaptar o que sabem acerca da vida na terra a qualquer ideia de um criador beneficente. Sabemos que a vida animal é, em essência, uma cadeia alimentar, caracterizada por uma espécie de caça de uns aos outros. Em consequência disso, o sofrimento, o medo e a aflição são intrínsecos, e não acidentais, a esses processos. Pode ser que, se aos animais falta imaginação e intuição, seu sofrimento se limite ao espasmo da caça e do abate; ao passo que os humanos, em razão da consciência, morrem muitas mortes na expectativa daquele que finalmente os abaterá; e vivem uma vida de infelicidade por obra dos sofrimentos psicológicos aos quais estão propensos. É por isso que as tentativas de isentar Deus da responsabilidade pelo sofrimento têm tido êxito pelo menos emocional quando são articuladas com cálculos grandiosos. Se esse ser sobrenatural existe, dotado dos atributos que a ele outorgamos, por que ele não previu tudo isso e puxou a tomada para começar de novo? Melhor ainda, por que não saiu totalmente do negócio da criação e ficou com sua existência que se presume perfeita? Já escreveram milhares de volumes sobre esse assunto e o fato de que continuem a ser escritos demonstra que não há final provável à vista para a compulsão de teorizar que persegue a questão. Mas é preciso dizer que os crentes não se deixam deter pela ruidosa controvérsia que cerca este debate. Para eles, todas as questões um dia serão respondidas pelo Deus em quem implicitamente confiam. E um dos mais duradouros paradoxos da situação é que a fé religiosa forte é, sem dúvida nenhuma, um dos mais potentes recursos do planeta para sustentar os humanos perante os tormentos da existência. Para muitos, essa argumentação já basta.

Se a religião forte recebe, merecidamente, a maioria das manchetes hoje em dia, a próxima marca na minha série tipológica provoca o mais imerecido desdém. Retornando à metáfora do sinal de rádio, poderíamos descrever as pessoas que ocupam esse lugar como aquelas que recebem de Deus um sinal fraco e intermitente. Contudo, seria equivocado impor a metáfora literalmente neste caso. Não é que os religionários fracos, ao contrário de sua contrapartida forte, tenham um equipamento pobre e sejam, portanto, incapazes de captar as mensagens do radialista divino. Eles acreditam que todos os receptores humanos possuem defeitos intrínsecos e são, por isso, incapazes de interpretar os sinais divinos com qualquer tipo de clareza fidedigna, então carimbam todas as gravações com o selo da incerteza e da interinidade. Embora não duvidem obrigatoriamente da existência do divino provedor de significados, têm certeza absoluta a respeito da natureza daquele que cria confusões, e aprenderam a não depositar muita confiança em suas declarações. Os homens nunca têm certeza do significado que há por trás dos sinais de transcendência que recebem, porque eles mesmos são o equipamento defeituoso que tem de interpretá-los, e a história demonstra como são fatalmente inadequados nesse jogo. Já se derramou muito sangue sobre interpretações rivais desses sinais enganosos, e já se engendrou muita infelicidade humana com as discordâncias violentas que provocaram. É por isso que os praticantes da religião fraca tentam inculcar a humildade teológica. Dizem-nos: existe um tremendo mistério nisto e, embora nos fascine, há tão pouco que possamos dizer sobre ele que nos convém falar com parcimônia a esse respeito e ser benevolentes uns com os outros quando compartilhamos nossas frágeis interpretações dele.

Mais um elemento que distingue o crente fraco do forte está em seu comportamento perante a sociedade humana. A religião fraca não se projeta em rota de colisão com a cultura em que se instituiu, mas permite-se receber influências e ser modificada por ela, assim como ela, por sua vez, procura influenciar a cultura ao seu redor com suas próprias ideias e descobertas. Isso porque ela se considera parte integrante da comunidade do presente, bem como do passado. Embora culte e aprenda com a tradição religiosa que a alimentou, também respeita a sociedade de seu próprio tempo e aprende a continuar se adaptando a suas melhores descobertas. Os psicanalistas fazem uma diferenciação interessante no uso da palavra "adaptar-se". Se eu tiver pais difíceis na infância talvez aprenda a me adaptar ao comportamento arbitrário e grotesco. O meu caráter se adaptou ao contexto que criaram para mim, mais ou menos da mesma maneira que eu me adaptaria à vida na penitenciária, caso um dia fosse preso. Mas, embora eu tenha me ajustado às circunstâncias, não sou realmente livre: sou limitado pelas forças com que aprendi a lidar, mas sobre as quais não tenho controle nenhum. O comportamento *adaptativo* é diferente. A pessoa livre, segura em sua própria natureza, é capaz de responder com um talento improvisador aos acontecimentos e às circunstâncias que a vida lhe traz. A religião fraca é adaptável nesse sentido. É segura o bastante em seus próprios valores para não ser descartada pelas descobertas da cultura de que faz parte. Um exemplo do talento improvisador da religião fraca é o modo como adotou o estudo científico da história para interrogar seus próprios textos sagrados, o que levou a um ramo acadêmico profissional no estudo da Bíblia e a uma reinterpretação radical de muitas de suas declarações. Da mesma importância foi sua tentativa de adaptar-se às revoluções das relações humanas da era moderna, em especial à emancipação das mulheres e à liberação dos homossexuais masculinos e femininos. Esse tema permanece aberto, naturalmente, e a homossexualidade, em especial, é alvo de intensas lutas na Comunhão Anglicana, um grupo que é uma mistura desconfortável de crentes fortes e fracos.

Já me referi ao desdém de que são objeto os religionários fracos, não só por sua contrapartida forte, como também por muitos que rejeitam totalmente a religião por não ter base e ser irracional. Naturalmente, quem rejeita a religião por acreditar que é irracional e inadaptável vai querer que ela se encaixe em sua definição. Preferirá que esta seja obscurantista, misógina, homofóbica, antiliberal e que desdenhe da modernidade. Onde tenta adaptar-se às melhores descobertas da humanidade, embora mantenha-se fiel aos bons valores de sua própria tradição, é provável que perturbe sua tipologia de oposição unidimensional. Vale a pena pensar em outro alvo do movimento neoateísta. Não é por acaso que esse movimento desdenha tanto do movimento psicanalítico quanto da religião; nem é de surpreender que rejeite Sigmund Freud com tanto escárnio quanto rejeita os sumos sacerdotes da religião. O que a religião fraca e o método psicoterapêutico têm em comum é que cada um, em essência, é uma arte clínica, e não uma ciência acadêmica; é por isso que, na sua melhor forma, são constantemente adaptáveis à complexidade da necessidade. Cada um usa o poder do mito para ajudar homens e mulheres a se ajustar aos sofrimentos da existência. Cada um é obra da imaginação humana, acumulada sobre anos ouvindo as necessidades dos seres humanos. E cada um não se fundamentava em fazer grandiosas declarações científicas sobre a realidade factual, mas em ajudar as pessoas a sobreviver num universo cruel. Paradoxalmente, é a incerteza teórica dos praticantes de ambas as disciplinas clínicas que é a sua força. Nenhum deles oferece uma forte mensagem do tipo pegar ou largar aos seres humanos em luta. Pelo contrário, ao ouvir profundamente as necessidades humanas, criaram um abrigo sensível, uma arte ou forma de improvisação ou forma de jazz terapêutico que seja de uso real para o povo. Freud usava a mitologia grega para interpretar as lutas da psique humana. Grande parte do que ele apresentou era fantasioso, e a maior parte era inverificável em qualquer sentido científico verdadeiro, mas os seres humanos o acharam útil, pois lhes dava um meio de entender seus próprios conflitos internos. Vejamos, por exemplo, sua teoria do inconsciente. Sabemos que a nossa mente não tem três camadas detectáveis, como se fosse um estacionamento de automóveis, com o id no subterrâno, o superego no segundo andar e o ego entre os dois, no primeiro andar. Mas o modo de descrever o indescritível corresponde ao modo como sempre percebemos as nossas lutas internas. Às vezes ficamos sufocados por desejos impróprios que achamos difícil controlar, deixamos que nos vençam, e pagamos o preço do excesso; ou os corrigimos excessivamente e pagamos o preço da repressão neurótica. Esse dilema é tão velho quanto a humanidade. Está expresso na antiguíssima tensão entre a sensualidade genial do catolicismo do Sul da Europa e a rigidez moral do protestantismo do Norte da Europa. O jornalista polonês Ryszard Kapuściński afirma que a mesma tensão está no âmago do islã, e é fisicamente expressa pela antiga cidade de Argel, que fica entre a corrente aberta do Mediterrâneo de frente para o mar, e o medo inculcado da modernidade que se encontra no deserto islâmico do outro lado das montanhas Atlas.[72] Mas a tensão é mais antiga que o cristianismo e o islã. Encontra-se no pensamento grego clássico, definido por Nietzsche como o conflito entre o dionisíaco e o apolíneo, o êxtase dos sentidos versus a racionalidade controlada. Sua mais empolgante expressão artística contemporânea é a versão de David Greig de *As bacantes* de Eurípides. Assim como o mito e drama da Grécia Antiga, grande parte do que Freud disse sobre as batalhas da alma corresponde à experiência humana; e quem dá a mínima para saber se isso é "verdade" ou não? Assim como a religião adaptativa, ajuda-nos a suportar a vida, e o que há de errado nisso? Não é por acaso que a teologia fraca e a psicoterapia clínica tenham feito alianças no decorrer dos anos, gerando uma nova disciplina, que, de fato, se denomina "teologia clínica", que usa os mitos e os tropos da religião de modo terapêutico.

Não é de surpreender que a religião fraca tenha modificado profundamente a imagem tradicional de Deus, afastando-a do modelo de poder absoluto e aproximando-a do modelo do amor sensível, sofredor. Deus não é mais tido como o governante irado ofendido pelos súditos delinquentes, mas como um pai sofredor cujo coração foi partido pelos filhos pecadores. Esse entendimento mais gentil de Deus surtiu profundas consequências sobre o modo como a religião fraca reage ao problema do sofrimento, e tem em si imenso poder emocional: é o conceito do Deus que sofre e morre. Afasta a argumentação da teoria sobre Deus e a aproxima de uma identificação mística com aqueles que sofrem, levando aos atos práticos: o problema do sofrimento agora não é mais uma questão de explicá-lo, mas de reagir a ele. A conversa para. O trabalho começa. Fecham-se feridas. Os pés feridos são banhados. Os crentes encontram Deus entre os que sofrem. Vivem com os moribundos que moram nas ruas de Calcutá. Juntam-se aos rejeitados da terra nas *villas miseria* e favelas da América Latina, nos guetos da América do Norte e em locais de desespero por todo o mundo. A resposta de Deus a Jó, há tanto esperada, acaba por não ser uma argumentação definitiva que resolva o problema do sofrimento: deve adaptar-se a Jó. Com a prática da compaixão ativa temos uma nova teologia, de um Deus que se sujeita às crueldades dos perversos. Às vezes isso é descrito como um ato de autolimitação ou *kenosis*, de "esvaziar" em grego. Na tradição cristã, a crucificação de Jesus traz algumas dessas ideias. Por não conseguir suportar a luz reveladora da bondade, o mal sempre tem de procurar extingui-la. Mas Deus não cruza os braços: é Deus que se envergonha, é Deus que caminha com os pés quebrados até o Calvário, é Deus que se enforca, nu, na árvore. Essa é uma antiga heresia chamada patripassianismo, herege porque continha a ideia proibida de que Deus, em sua distante majestade, sentia as dores dos filhos e sofria com eles. Redescoberta pelos teólogos que foram silenciados pelos horrores do século XX, é mais uma prece de saudade do que uma doutrina precisa. Se existe um deus, acredita-se, ele tem de ser um deus que sofre e morre, um deus na cruz: nenhum outro deus serve. Mas, se existe defesa moral para um deus que morre, também há uma defesa filosófica. Se existe aquele a quem chamamos de Deus — a base suprema e fonte de toda a realidade — então também é improvável que consigamos compreendê-lo como se poderia esperar que uma bactéria nas tripas de um elefante descrevesse seu hospedeiro. Existe uma longa tradição na teologia filosófica que declara não podermos nunca dizer o que Deus é, só o que Deus não é; porém, já que os homens não conseguiram entender essa verdade, sua história está repleta de deuses mortos. O louco em *A gaia ciência* de Nietzsche, que acendeu uma lanterna em pleno dia e foi correndo para o mercado a fim de proclamar a morte de Deus para os desdenhosos passantes, percebeu que tinha chegado cedo demais: "O meu tempo ainda não chegou. Esse acontecimento enorme ainda está a caminho, caminha e ainda não chegou ao ouvido dos homens."[73] Agora já chegou. O que permanece incerto é se é apenas uma ideia que continuamos a matar — ou algo infinitamente mais precioso.

Antes de pensar nos outros lugares da minha série de significados, quero oferecer uma reflexão concludente acerca da religião forte e da fraca. Cada uma é um sistema de pensamento e prática que reage ao mistério da existência. Seria justo descrever a religião forte como um sistema fechado. Embora eu não ofereça obrigatoriamente essa descrição como uma crítica, existem inúmeras consequências importantes de se adotar a posição forte. O sistema fechado tende a nos trancar dentro do estado de espírito e do esquema social de uma era anterior. Naturalmente, não existe razão absoluta por que não se devesse fazer essa escolha, pois está longe de óbvio que *mais tarde* é obrigatoriamente *melhor* na avaliação da história humana. Pode-se até decidir pegar e misturar épocas diversas, admirando, por exemplo, os costumes sexuais do século I, embora preferindo a odontologia do século XXI. A desvantagem da abrangência do sistema forte é que ele isola seus praticantes do melhor e também do pior dos valores contemporâneos, como já mencionei, pelo menos em alguns aspectos. Se tenho determinada objeção à religião forte, ela visa menos seu lado cognitivo — não me importa se alguém optar por acreditar que o mundo foi feito por Deus em seis dias — que a crueldade consequencial de sua ética social. Se você acredita, como eu, que a crueldade é o maior dos vícios, então terá de se opor a um credo que condene os homossexuais e subordine as mulheres e, quando está em posição de fazê-lo, persiga ativamente o primeiro grupo e reprima o segundo.

A religião fraca, por outro lado, embora também tente ser sistemática em seu pensamento, é mais aberta e porosa ao contexto em que é instituída, e é melhor na apropriação dos melhores valores da cultura secular, embora refute os piores. Dela podemos dizer, por conseguinte, que tenta pegar o que há de melhor no fluxo constante da história. A vantagem óbvia da religião forte é que ela pensa por nós as questões mais importantes, se for isso o que quisermos, e nos deixa prosseguir com o resto da vida; a religião fraca, por outro lado, espera que você trabalhe muito por conta própria, mesmo que esteja mal-equipado para a tarefa.

À terceira marca na minha série falta o método sistemático da religião organizada, nas formas tanto forte quanto fraca. Embora conserve uma postura positiva com relação à empreitada, não aceita a estimativa de si mesma da religião. Chamo a esse lugar de pós-religião, porque é representado por quem saiu do centro da teoria religiosa rumo à margem; ou por quem saiu da indiferença ou hostilidade para um entendimento mais empático do fenômeno. Quem está nesta posição encara a religião como um construto inteiramente humano, uma obra da imaginação que, entretanto, tem significado duradouro. Nem o lado feio e antipático da religião deixa de ter seu valor para eles, porque diz algo sobre as lutas da humanidade com sua própria natureza complexa. A imaginação religiosa é infantil em sua capacidade de mergulhar no lado escuro da psique, bem como em seu duradouro desejo de paz e harmonia. A romancista Alasdair Gray descreveu Deus como o personagem mais forte da ficção mundial. Segue-se que o estudo de Deus nos fornecerá um caminho reto para entrar no coração dividido de seu criador. Freud rejeitava Deus porque era uma projeção humana. Mas qual é o motivo da pressa? Por que não estudar a projeção para descobrir o que ela nos diz sobre nós mesmos? Quem está na pós-religião consegue fazê-lo. Pode até frequentar a sinagoga, a igreja ou a mesquita — regularmente ou de vez em quando — porque quer ficar em contato com uma das mais antigas e duradouras instituições humanas. Não menos importante é o fato de não querer se isolar, nem isolar os filhos, dos antigos mitos portadores da verdade, das antigas metáforas, dos vívidos tropos e imagens. Quer continuar bebericando desse potente rio. Para essas pessoas a religião é uma excelente obra de arte, algo feito pela imaginação humana. Sabem que não existe um modo único de reagir à arte, então se recusam a se deixar perturbar pela ruidosa pregação dos sacerdócios oficiais. Educadamente, seguem o próprio caminho, cuidam da própria alma. Seria possível descrever esse fato como estética da pós-religião, portanto é importante lembrar que essa postura também tem um lado ético, especialmente em resposta ao sofrimento humano, e o ateu Richard Rorty a expressava com uma generosidade característica. Rorty era um teórico antiteórico — e tinha perfeita consciência da ironia — que se definia como pragmático. Ele concordava com Marx ao dizer que o importante não é explicar o mundo, mas transformá-lo, em especial suas crueldades e opressões. Rorty provavelmente preferisse o Manifesto Comunista de Marx ao Novo Testamento, mas, para ele, o importante em ambos era o fato de manterem viva a esperança de que o nosso futuro pode ser melhor que o passado e que o sofrimento humano pode ser aliviado.

Seria melhor, é claro, se pudéssemos encontrar um novo documento para dar inspiração e esperança aos nossos filhos — um documento que estivesse livre dos defeitos do Novo Testamento e do Manifesto. Seria bom ter um texto reformista a que faltasse o caráter apocalíptico de ambos os livros — que não pregasse que é preciso refazer tudo ou que só é possível chegar à justiça com a derrubada violenta de todas as condições sociais existentes. Seria bom ter um documento que explicasse detalhadamente essa utopia deste mundo, sem nos garantir que essa utopia venha a surgir completa e rapidamente, assim que ocorrer alguma mudança única e decisiva — assim que for abolida a propriedade privada, ou assim que todos tivermos aceitado Jesus no coração.

Seria melhor, em resumo, se pudéssemos viver sem profecias e declarações para conhecimento das forças que determinam a história — se a esperança generosa conseguisse sustentar-se sem tais garantias. Algum dia, talvez, tenhamos um texto novo para dar aos nossos filhos — um texto que se abstenha de fazer previsões, porém expresse o mesmo anseio de fraternidade que o Novo Testamento, e esteja tão repleto de descrições nítidas das nossas mais recentes formas de desumanidade de uns para com os outros quanto o Manifesto. Enquanto isso, devemos ser gratos pelos dois textos que têm ajudado a nos tornar melhores — têm nos ajudado a superar, até certo ponto, nosso egoísmo bestial e nosso sadismo cultivado.[74]

É possível respeitar a religião porque, na melhor das hipóteses, ela contesta o nosso egoísmo bestial e o nosso sadismo cultivado, além de nos oferecer a esperança de um futuro melhor para o mundo e para nossos filhos. A esperança nunca se realiza totalmente, é claro, porque estamos eternamente envolvidos na tensão entre o monstro e o santo, porém também nunca se esmorece completamente. Conhecer os melhores sonhos da religião é uma das maneiras mais duradouras de manter viva a esperança generosa.

O quarto local da série é a ausência total de consciência religiosa, e conta com as formas forte e fraca. É uma espécie de contraestética, já que é totalmente surda ou daltônica para a imaginação que conjura a resposta religiosa ao mistério da vida. Não se interessa em absoluto pela possibilidade do Outro que tanto obceca o resto da humanidade; e não entende isso. Sua característica mais positiva é sua completa aceitação da vida, sem a necessidade neurótica de algum significado externo para torná-la suportável. A vida é seu próprio significado. Ela apenas é. Então, viva a vida. Ela não corresponde a nada, exceto a si mesma. Seja como for, não existe outro lugar de onde avaliá-la, nenhum local fora do qual possamos ter um panorama geral. Não podemos sair do que somos para ver o que parece ser de algum outro lugar, da mesma maneira que não podemos ser outra pessoa para descobrir como nos mostramos aos outros. Estamos presos onde estamos e com o que somos. É por meio dos sentidos que fazemos contato com o que está fora de nós, mas eles só nos põem em contato com o que está disponível para eles; e, por definição, o hipotético reino divino ou sobrenatural não sente a percepção — e é precisamente por isso que é uma hipótese, e não uma realidade verificável. Quem ocupa esse lugar está, para o próprio assombro, consciente de que muita gente opta por tratar a hipótese celestial como real: além de construir castelos no ar, tentam morar neles. Os da quarta marca na forma fraca o consideram uma excentricidade simpática a ser tolerada, ou um exemplo de fé consoladora que gostariam de ter em seus próprios momentos de sofrimento. Em ambos os casos, a reação deles não contém hostilidade nenhuma e pode até ganhar um matiz de arrependimento ocasional.

Os fortes da quarta marca são de outro tipo e, em sua intensidade evangélica, têm marcante semelhança com os protagonistas religiosos que mais desprezam. Assim como os religionários fortes, não se satisfazem em guardar consigo suas próprias certezas, e insistem em divulgá-las. Curiosamente, a principal motivação do atual ataque à religião expõe a maior fraqueza de sua convicção. Os neoateus mais radicais são motivados por um forte e louvável ódio ético da crueldade e da violência. Como concordará qualquer observador neutro, a religião é uma força potente em prol da crueldade e da violência, tanto no passado quanto recentemente, então não é de surpreender que alguns de seus oponentes a considerem um estímulo sem igual às más condutas. Um dos comentadores chegou a dizer que, embora qualquer um consiga convencer gente má a fazer maldades, só a religião consegue persuadir gente *boa* a fazê-lo. É a teoria segundo a qual a religião é a raiz de todos os males que está no âmago do novo ateísmo, porém é uma tese falsa. O fator comum na crueldade que desfigura a história humana é a própria humanidade. Conforme já observamos, o animal humano é a espécie mais assassina do planeta, e quase tudo pode servir de pretexto para a violência, inclusive a religião: e ainda política, nacionalismo, raça, sexo, ambição, cobiça de terras — até futebol. A religião tem um histórico terrível de alimentar e provocar violência; mas também tem um nobre histórico de resistência a ela. É verdade que a religião pode fazer quem já é ruim ficar pior, mas também pode melhorar quem é bom; é por isso que é injusto condenar seus monstros sem reconhecer seus santos. Apesar da amarga rejeição de alguns dos nossos mais competentes pensadores atuais, vou argumentar na última parte deste livro que são os mitos e as metáforas da religião que nos oferecem algumas das mais profundas ideias sobre a condição humana, e nos oferecem também a melhor esperança de nos salvar de nós mesmos. Não obstante, os fortes da quarta marca têm muito a seu favor, por exemplo, o ódio da crueldade, da hipocrisia e o corajoso estoicismo que recomendam perante o sofrimento. Assim como na maioria dessas coisas, é mais provável que sejamos arrastados para a nossa posição no espectro tanto pelo temperamento e pelas circunstâncias quanto pela convicção criteriosamente elaborada. E se esta breve pesquisa das posturas humanas acerca da religião ensina algo, provavelmente se resume melhor nas palavras com que Stephen Vincent Benét encerrou seu grande poema, "John Brown's Body":

> Caso por fim dizer algo deseješ,
> Não digas, como eles,
> "É bruxaria mortal e maldita"
> Ou "Bendita é", mas "Está aqui".[75]

III
HORA DO RECREIO

5
Comédia

Desejamos o limite arriscado.
O ladrão probo, o assassino amável,
O ateu supersticioso...

ROBERT BROWNING

Pode ser equívoco conhecer um artista cuja obra veneramos. Um dos muitos paradoxos do gênio criador é que ele sempre faz seu lar em habitações pouco atraentes. Os atores brilhantes são o exemplo mais claro disso. Muitos atores são seres humanos interessantes por si mesmos, mas nem todos. Alguns dos nossos maiores atores têm sido gente tão insegura da própria identidade que só criaram vida no palco ou na tela, habitando a de outra pessoa. Sem dar o nome, estou pensando em um dos atores mais famosos da nossa época, cuja presença na tela é eletrizante, porém se reduz a incoerentes murmúrios quando nas entrevistas a respeito da própria vida ou de suas opiniões. Isso não teria sido surpresa para aquele grande poeta, mas ser humano não inteiramente atraente, W. H. Auden. Auden fazia uma distinção fundamental entre o artista e a arte, o criador e a coisa criada. Algo que falou a respeito de W. B. Yeats captou o que ele queria dizer:

> Eras bobo como nós; teu dom sobreviveu a tudo:
> À paróquia de senhoras ricas, ao ocaso físico,
> A ti.[76]

Auden falava da falta de relação "entre a qualidade moral da vida de um criador e o valor estético das obras que ele cria": "Todo artista sabe que as fontes de sua arte são o que Yeats chamava de 'os trapos imundos e ossuário do coração', suas luxúrias, seus ódios, suas invejas."[77] Era por isso que Auden detestava a ideia de alguém escrever a biografia dele; mas desconfio que, por mais orgulhoso de sua obra e envergonhado de sua vida, ele entendia a ligação vital entre as duas. Ele sabia que sua arte tinha vida própria, fossem quais fossem as origens, e não devia ser comprometida pela associação com a luxúria, os ódios e as invejas de seu criador: não obstante, foi por intermédio da química peculiar de sua própria experiência que sua arte nasceu. Apesar de seus protestos, é por isso que continuamos fascinados pela vida privada dos grandes artistas. Nós nos admiramos com o milagre da rosa que nasce no esterco, mas reconhecemos a conexão misteriosa entre os dois. Yeats entendia isso instintivamente, conforme nos lembra Crazy Jane:

> Pode a mulher ser firme e briosa
> Se é de amor o intento;
> Mas o Amor sua mansão ergueu

> Onde há excremento;
> Pois não há o que seja inteiro
> Que não foi fragmento.[78]

O fato de uma árvore corrompida poder gerar bons frutos é uma verdade que as tradições religiosas acham difícil de aceitar, bem como os ateus fortes acham difícil admitir que a árvore corrupta da religião continue a gerar belos frutos. O fato é que tudo o que conquistamos de beleza ou bondade brotou do solo áspero da natureza. Darwin nos aconselhava a usar a imaginação para captar a sensação de crueldade das forças naturais que espreitam sob a superfície cintilante de tudo. Os pensadores religiosos reflexivos não desconhecem as trevas que espreitam sob a superfície das coisas, mas acham difícil admitir que, desde o início, as mansões da religião também foram erigidas sobre excrementos. É o ato fundamental de negação que explica o conceito de blasfêmia: a convicção de que os elementos constitutivos da religião, especialmente suas figuras sagradas, devem estar isentos dos processos normais de crítica e paródia. A própria existência da ideia de blasfêmia indica que a ansiedade aguda acerca de suas afirmações está embutida na religião desde o início. Assim como o alpinista social em denegação sobre suas origens humildes, a religião se recusa a admitir seu desonesto começo de vida. No capítulo anterior examinei o modo como os crentes do que chamei de religião forte declaravam estar em contato com um poder divino que transcendia o universo, ainda que procurasse contato com a humanidade, e explorei algumas reações a essa afirmação antiquíssima. Mas como surgiu essa ideia, para começar? E como podemos usá-la hoje? Neste capítulo quero indicar que um modo de entender a religião é vê-la como produto da força criadora da mente humana, uma obra de arte. Assim como qualquer outra obra de arte, inclusive a grande poesia, não devemos permitir que suas origens dúbias destruam seu valor duradouro. Vista sob essa luz, a religião pode continuar a iluminar a condição humana.

Um bom ponto de partida é um personagem misterioso chamado Abraão, de quem temos vislumbres em meio às brumas que obscurecem as origens do judaísmo, do cristianismo e do islã, as três crenças que se consideram religiões abraâmicas. O livro do Gênesis nos conta que Abraão foi o patriarca que gerou Isaac, que gerou Jacó, que gerou as 12 tribos de Israel, que se tornaram escravas no Egito, de onde Moisés as levou para a história. Por mais obscuro que fosse Abraão, e por mais incertos que sejam os fatos relacionados a ele, as tradições a respeito dele foram legadas às três religiões que o declaram seu ancestral, prática antiga que é desconcertante para a mentalidade secular: ele ouvia uma voz dentro da cabeça a que atribuía autoridade absoluta. Vale a pena examinar a história, pois ela nos diz muito a respeito da religião e por que muita gente se sente cada vez menos à vontade com ela. O texto em questão está no Gênesis, capítulo 22:

> E aconteceu depois destas coisas, que Deus pôs Abraão à prova, e disse-lhe: "Abraão!" E ele respondeu: "Eis-me aqui." Deus disse: "Toma agora o teu filho, o teu único filho, Isaac, a quem amas, e vai-te à terra de Moriá, e oferece-o ali em holocausto sobre uma das montanhas, que eu te direi."

Hoje em dia internaríamos num manicômio quem obedecesse a uma ordem como essa, mas na época de Abraão era, provavelmente, requisito essencial para o fundador de uma religião. As origens da religião são tão nebulosas quanto as origens do próprio Abraão. Mas um palpite bem-informado seria que quando a consciência de si começou a engatinhar nos primeiros homens, e eles começaram a falar consigo mesmos, dentro da cabeça, como todos fazemos, presumiam que havia mais alguém na linha. Isso deu origem a uma visão binária ou bifurcada da realidade, que resultou no que os historiadores da cultura chamam de mente bicameral. A voz dentro da cabeça, que é aspecto inescapável da experiência da consciência, não foi projetada só para dentro, para a alma, porém para fora, para uma realidade objetiva independente. A maior parte do tempo isso não importa realmente. Se a voz nos proíbe de comer carne de porco, isso só será problema se comermos bacon no café da manhã, em cujo caso podemos girar o seletor de canais para uma religião que promova outra dieta. O lado dietético ou ritual da religião é o menor dos nossos problemas, contudo. Não é preciso ser religioso para entender o poder de uma moda alimentícia ou o consolo que uma cerimônia antiga pode trazer. Se a voz tivesse se limitado às restrições alimentares e aos rituais inofensivos, não nos preocuparíamos com isso. É o fato de ter a voz mandado Abraão assassinar o filho que nos faz parar para pensar. Tendo passado a vida inteira envolvido com a religião, aprendi o talento de sobrevivência da interpretação teológica de histórias como essa; mas precisei que uma romancista me abrisse os olhos para o terror que espreitava por trás das abstrações teológicas. A interpretação teológica normal da história da obediência de Abraão à voz que mandava sacrificar o filho a aplaude como esplêndido exemplo de fé. Por estar preparado para assassinar o filho em nome da voz, presume-se que devemos admirar a qualidade absoluta da obediência de Abraão. Ensinaram-me que a obediência a Deus precisa estar acima de qualquer outra lealdade. Por esse modelo, que paradigma de fé era Abraão! Quem me dera ter esse tipo de obediência férrea! Mas, e Isaac? Qual é a participação dele nisso? Será que a voz se deu o trabalho de consultá-lo antes de usá-lo como meio de testar a fé do pai dele? Tudo isso parece uma variação feia do X que transforma em coisas aqueles que se submetem a ele e inculca o tipo de obediência cega que nos transforma em robôs malignos. Será que devemos considerar Deus o supremo X, a Grande Força, que é colossalmente indiferente a tudo, menos a seus próprios impulsos?

Não foram teólogos que me fizeram formular essas perguntas, mas artistas e gente de imaginação. A romancista que acabo de mencionar ficou tão assustada com as histórias que os religiosos contavam uns aos outros que resolveu expor esse terror em uma ficção. Em vez de ver as coisas do ângulo de Deus, lidando com abstrações teológicas, tais como fé e obediência, no romance *After these Things* Jenny Diski explora com imaginação o lado humano dessas interações. Entra, em especial, na cabeça de Isaac, o objeto não levado em conta no teste de fé do pai dele. Quando Abraão estava curvado sobre ele, prestes a cortar-lhe a garganta, Isaac deve ter percebido que vivia em um universo perigoso e imprevisível, onde um filho seria sacrificado sob o comando de uma voz dentro da cabeça do pai que era mais poderosa que qualquer amor humano. Em outras palavras, não se pode confiar em um crente, mesmo que seja o seu próprio pai. Essa é a descoberta arrasadora que deixa a cabeça secular ansiosa acerca do poder imprevisível que a religião tem de precipitar as pessoas na loucura maligna. Como negociar as complicações de viver ao lado de gente programada por uma voz invisível e inaudível? E a voz continua em ação, convocando seus servos a matar os filhos deles e os nossos em obediência a uma fidelidade mais poderosa do que qualquer laço humano. Nós a vemos há três mil anos nas páginas da Bíblia; e a vemos aqui hoje nas páginas dos nossos jornais. A voz ainda fala, e os filhos de Abraão obedecem a sua ordem. O Terror de Isaac, nome bíblico de Deus, ainda está em ação, mexendo com a cabeça do povo.

Mas, em vez de descartar todas as religiões em bloco considerando-as fantasias perigosas, o resíduo psicótico do trauma infantil, insinua-se uma aproximação mais útil e positiva. Na minha própria luta com a religião, achei que seria útil encará-la como um produto da imaginação humana, algo tão enclausurado e autoliberto, não algo que aponta para fora de si mesmo para uma realidade transcendente. Não precisamos aceitar a avaliação da própria religião para dar-lhe valor. Se a religião é invenção humana, um exame dela nos trará dados valiosos sobre nós mesmos e a nossa estranha história. Esse entendimento da religião não precisa reduzir seu valor para o usuário, bem como o reconhecimento de Auden da fonte humilde de sua poesia não diminui seu valor para o leitor. Significa, contudo, que a avaliaremos de outro modo e por outros motivos. Seremos menos interessados na presumida autoridade divina de suas origens do que nas dádivas da interpretação que nos oferece para entender a nossa própria vida. Lewis Hyde expressa bem esse comércio misterioso no livro *A dádiva: como o espírito criativo transforma o mundo*. É assim que ele descreve a transação entre nós e o artista:

> A obra de arte que entra em nós para alimentar a alma se oferece para iniciar em nós o processo do ego presenteado que alguma dádiva anterior iniciou no poeta. Ao ler a obra, sentimo-nos presenteados por algum tempo, e até o ponto em que somos capazes, reagimos criando uma nova obra (não de arte, talvez, mas, com a obra do artista nas mãos, de repente descobrimos que sabemos dar sentido à nossa própria vivência). A mais grandiosa arte nos oferece imagens por meio das quais imaginamos a nossa vida. E assim que é despertada, a nossa imaginação é procriadora: por meio dela podemos dar mais do que recebemos, dizer mais do que tínhamos a dizer. Este é um motivo para não podermos ler a obra do artista por intermédio da vida dele. Aprendemos algo quando lemos a vida, é claro, mas o verdadeiro artista nos deixa com a sensação sobrenatural de que a experiência de vida não consegue explicar a criação.[79]

A sensação sobrenatural de que a vida ou a humanidade dos artistas não consegue explicar as maravilhosas criações que provêm deles também se aplica à religião. Sabemos bastante sobre as origens da religião e de sua história horrível para ter cautela, talvez até nos revoltarmos com ela; porém também temos de admitir que dessa fúria que rejeita nasceram maravilhosas flores — justiça e misericórdia, amor e perdão, bem como toda uma galeria de tropos e metáforas que nos ajudam a entender a nossa própria vida e administrá-la melhor. Mesmo quando está mais confiante sobre sua declaração teórica, a religião está sempre consciente da fragilidade dos mediadores humanos que agem como seus condutores para o mundo.

Uma das mais tocantes expressões disso é a ideia do curandeiro ferido ou do redentor maldito. Esse é o tema do mais grandioso romance de Graham Greene, *O poder e a glória*. Greene gostava de trabalhar na margem perigosa da teologia, essa fronteira misteriosa onde a maldição se torna bênção e o homem que foge de Deus leva Deus aos outros. "A outros salvou; a si mesmo não pode salvar",[80] era o que a multidão gritava diante de Jesus na cruz, e esse é, não raro, o dilema do artista e do padre. A vida dos mediadores da graça para outrem é, quase sempre, caracterizada por turbulência e tumulto. O romântico em mim se pergunta se essa separação não poderia ser o ingrediente misterioso que se transmuta em graça por meio da obra de arte sacerdotal. Decerto, alguns dos padres e artistas mais criativos têm consciência de pertencer a um pacto dos feridos. Foi por isso que Tennessee Williams disse que tinha medo de exorcizar seus demônios, caso perdesse seus anjos. No prólogo de *Gata em teto de zinco quente*, ele elaborou a ideia.

> Naturalmente é uma pena que tantas dentre todas as obras de criação tenham ligação tão íntima com a personalidade daquele que a cria. É triste e constrangedor e nada atraente que essas emoções que atingem com profundidade suficiente para exigir expressão, e para carregar essa expressão com algo de luz e poder, estejam quase todas arraigadas, por mais carregadas que estejam na superfície, nos assuntos

> particulares, e, às vezes, peculiares, do próprio artista, aquele mundo especial, as paixões e as imagens desse mundo que cada um de nós tece sobre ele do nascimento à morte, uma rede de monstruosa complexidade, tecida numa velocidade incalculável e numa extensão imensurável, da boca da aranha de suas percepções singulares. (...) Lirismo pessoal é o protesto de prisioneiro a prisioneiro, que parte da cela solitária onde cada um estará confinado até o fim da vida.[81]

Quero examinar um exemplo de uma das peças de Williams, *A noite do iguana*, que, na minha opinião, exemplifica o protesto de prisioneiro a prisioneiro que sempre está por trás do ato criador. Está no Ato III. Shannon, o ministro episcopal em desgraça, está interrogando Hannah sobre sua vida amorosa. Ela lhe conta que tinham acontecido dois incidentes, o primeiro, um breve encontro num cinema quando tinha 16 anos, um jovem sentara-se ao lado dela e pressionou seus joelhos contra os dela. O segundo fora apenas alguns anos atrás. Um australiano de meia-idade, vendedor de lingerie, pagara generosamente por uma de suas aquarelas. Mais tarde naquela noite, ele a convidara para passear de sampana e, em razão da generosidade anterior, ela aceitou. É assim que a cena continua:

> HANNAH: [...] Percebi que ele ficava cada vez mais...
> SHANNON: O quê?
> HANNAH: Bem... *agitado...* quando o brilho posterior ao pôr do sol vai desaparecendo na água. [*Ela ri com delicada tristeza.*] Bem, finalmente, no fim das contas, ele se inclinou na minha direção. Ficamos cara a cara na sampana (...) e ele olhava intensamente, com paixão, nos meus olhos. [*Ela

ri de novo.] E ele me disse: "Srta. Jelkes? Podia fazer-me um favor? Podia fazer uma coisa para mim?" "O quê?", disse eu. "Bem", disse ele, "se eu me virar, se olhar para o outro lado, podia tirar uma peça de roupa e me deixar segurar, só segurar?" (...) Depois disse: "Só vai levar alguns segundos." "Só alguns segundos para quê?", perguntei a ele. [*Ela dá a mesma risada de novo.*] Ele não disse para quê, mas...
SHANNON: Satisfação dele?
HANNAH: Sim.

Hannah acede ao pedido do australiano. Ele cumpre a promessa, vira-se de costas, e ela tira uma peça íntima. Educadamente, olha para o outro lado enquanto acontece a satisfação dele. E prossegue:

HANNAH: O incidente foi constrangedor, e não violento. Parti e voltei sem ser molestada. Ah, e a parte mais engraçada de tudo é que quando voltamos para o Raffles Hotel, ele tirou do bolso uma peça de roupa e, igual a um menino tímido que dá uma maçã de presente à professora, tentou passá-la para a minha mão no elevador. Eu não quis aceitar. Cochichei: "Ah, por favor, fique com isto, Sr. Willoughby!" Ele pagara o preço que pedi por uma das minhas aquarelas e, não sei por quê, esse pequeno acontecimento fora muito comovente. Digo que eu estava *solitária*, ali na sampana com listras violeta no céu e esse australiano de meia-idade fazendo sons como se estivesse morrendo de asma! E o planeta Vênus saindo serenamente de uma nuvem de tempo bom, sobre os estreitos de Malaca...
SHANNON: E essa experiência... você chama de...

HANNAH: Experiência amorosa? Sim. Chamo, sim...
[*Ele a olha com incredulidade, encarando-a tão de perto que ela fica constrangida e na defensiva.*]
SHANNON: Esse, esse... triste e sujo episódio, você chama de...?
HANNAH: [*Interrompendo abruptamente*]: Triste foi mesmo — para o homenzinho —, mas por que você o chama de sujo?
SHANNON: Quer dizer que não a repugnou?
HANNAH: Nada que seja humano me repugna, a não ser que seja descortês, violento. E eu lhe disse que ele era muito cortês... humilde, tímido e, de fato, muito, bem, *delicado* a esse respeito.[82]

"Nada que seja humano me repugna, a não ser que seja descortês, violento." A frieza das peças de Tennessee Williams se ilumina com pequenos atos de entendimento tristonho e bondade indulgente como esses encontros que ele descreve na mesma peça como "portões quebrados entre pessoas para que uma alcance a outra, mesmo que seja só por uma noite".[83] Alguns minutos antes de narrar o encontro com o fetichista australiano, Hannah estivera tentando passar por cima dos portões quebrados para chegar ao atormentado Shannon. Ela lhe disse que respeitava uma pessoa como ele, "que tivera de brigar e berrar... por sua decência e seu quinhão de bondade, muito mais do que respeito os afortunados que têm seu lote nas mãos ao nascer e este nunca lhe é roubado por... tormentos... insuportáveis".[84] O "tormento insuportável" da vida de grandes artistas é, às vezes, transmutado em uma compaixão avassaladora pela condição humana. Embora isso não explique o que Hyde chamava de "dom antecedente" dos artistas para criar grandes obras, decerto as informa e infunde. É por isso que é legítimo ver a compaixão de Williams pelos derrotados perseguidos em suas peças como frutos de seus próprios tormentos. Se você tivesse exorcizado os demônios dele, teria destruído os anjos dele.

Margaret Drabble defendeu algo semelhante ao dizer que Philip Larkin nos anima porque nos reconcilia com nossos males pelo meio escrupuloso em que os percebe.[85] Pode-se dizer o mesmo da religião, e um modo de usá-la é observar como ela percebe e reage criativamente às tensões da condição humana. Hugh Walpole disse que o mundo é uma comédia para aqueles que pensam, uma tragédia para aqueles que sentem: quaisquer percepções escrupulosas dos males do mundo devem conter ambos os extremos dessa polaridade. Um dos consolos da literatura é o modo como ela transmuta a comédia trágica da vida em arte simplesmente *reparando* nela. Pode-se dizer o mesmo da religião existencial. A genialidade da sensibilidade religiosa sadia é o modo como sua criação de mitos mantém o equilíbrio entre a tragédia e a comédia, o pessimismo e o otimismo, aquele nos salvando dos perigos tóxicos do pensamento utópico, este nos salvando do imobilismo desesperador que nega qualquer possibilidade de esperança.

A primeira nota da canção de redenção do cristianismo é sombria e proclama um pessimismo profundo acerca da condição humana. O cristianismo foi corretamente denunciado por alguns dos modos como aplica sua doutrina da Queda, e é por isso que é melhor não considerá-la doutrina, porém uma metáfora eloquente dos males aos quais estamos constitucionalmente propensos: um modo de perceber.

> A aflição do pó irado e vaidoso
> Vem da eternidade — e vencerá.[86]

O mito da Queda provém de um modo de ler o grande mito hebraico do Éden. É tolice historicizar o mito, como fazem os literalistas. Não conseguem vê-lo como um tipo de afirmação histórica sobre as origens da humanidade. O mito é uma narrativa que contém uma verdade existencial. O mito é arte, o portador do significado por intermédio do mistério. Reflete-nos para nós mesmos, e é por isso que não devemos perder o contato com ele se quisermos entender o enigma da nossa própria existência. O mito da Queda expressa um tema duradouro na vivência humana, e é por isso que está sempre sendo revisitado na grande ficção. Mesmo que jamais tenhamos lido o mito original da Queda em seu contexto bíblico, já temos encontrado a sua verdade quando ele surge em outras formas. Uma das expressões recentes mais pungentes está no final do grande romance de Alan Hollinghurst, *A linha da beleza*. Nick, que está aguardando o resultado de um exame de HIV, acaba de ser expulso da grande casa dos Feddens em Notting Hill, depois de um escândalo enorme que envolveu a família e pelo qual ele foi injustamente acusado. Ele fica matutando enquanto se afasta da casa.

> Ele intuía que o resultado seria positivo. As palavras que eram ditas diariamente a outros seriam ditas a ele, naquele tranquilo consultório de cujo momento a mesa, o tapete e a poltrona quadrada compartilhariam indissoluvelmente. (...) O que ele faria ao sair da sala? Ele andava sem rumo, sem fôlego, tendo visões no meio do dia. Tentou racionalizar o

medo, mas sua atração era forte e original. Estava dentro dele, mas o mundo ao redor, os carros estacionados, o táxi que ia passando, a torre da igreja entre as árvores, também tinham mudado. Foram revelados. Era como a sensação provocada por uma droga, porém com a percepção de uma peça. (...) A emoção era surpreendente. Era uma espécie de terror, composto de emoções de cada etapa de sua curta vida, desmame, saudade, inveja e autocomiseração; mas ele achava que a autocomiseração pertencia a uma comiseração maior. Era um amor pelo mundo, chocante de tão incondicional. Ele voltou a olhar para a casa e, depois, virou-se e prosseguiu sem rumo. Olhava desorientado para o número 24, a última casa com suas insígnias reais de ornamentos de argamassa e arcos. Não era só esta esquina, mas o fato de uma esquina que parecia, à luz do momento, tão bela.[87]

Uma comiseração maior... Momentos extremos como esse nos revelam o mundo — "o fato de uma esquina" — e nosso chocante amor incondicional por ele. E podemos elaborar um entendimento parcial da condição humana nessa visão trágica. Os males da existência se acumulam sobre nós sem convite, mas aumentamos seu poder sobre nós quando abrigamos ilusões sobre nós mesmos e sobre os outros. Os humanos precisam, de fato, propor ideais a si mesmos, mas o fato triste é que constantemente deixamos de alcançá-los ou eles nos abandonam. Tem algo a ver com o descontentamento endêmico de que sofremos, mas tem mais a ver com a nossa ignorância da dinâmica interna da nossa própria natureza.

A expressão clássica da Queda no Novo Testamento é a história de Simão Pedro, braço direito de Jesus. Não há dúvida de que Pedro amava e admirava Jesus, e que são abundantes nos evangelhos seus protestos de lealdade e determinação de segui-lo até a morte. Não há necessidade de duvidar da sinceridade de suas confissões, não mais do que a de duvidar da sinceridade dos casais que juram viver juntos até a morte, mas acabam se separando. Com o tempo, aprendemos que não entendemos totalmente os imperativos ocultos da nossa própria alma, nem estamos no comando das circunstâncias diante de nós no futuro. Pode ter sido por isso que Jesus advertiu contra os juramentos e as promessas. Fazê-lo é dar ordens aos ventos e aos mares. Jesus sabia que a sinceridade não era garantia de fidelidade. Uma das frases mais pungentes da literatura mundial se encontra no evangelho de Lucas, logo depois que Pedro renega o homem por quem prometera morrer. Lucas nos diz: "E, virando-se o Senhor, olhou para Pedro, e Pedro lembrou-se da palavra do Senhor, como lhe havia dito: 'Antes que o galo cante hoje, me negarás três vezes.' E, saindo Pedro para fora, chorou amargamente."[88] A tragédia de Pedro não era falta de sinceridade; era incapacidade de cumprir a jura que fizera com sinceridade. Constantemente criamos esses sofrimentos para nós mesmos na vida, mas os tornamos piores porque deixamos de reconhecer que são a regra, e não a exceção. Todos os nossos paraísos são paraísos perdidos. O jeito como deixamos expectativas irreais destruirem relacionamentos deteriorados, porém recuperáveis, já é bem triste; um risco maior das nossas fantasias edênicas é quando as transpomos para o nível coletivo, quer na religião, quer na política. Mais infelicidade e desilusões foram espalhadas sobre a humanidade por sua procura da sociedade perfeita e da fé perfeita do que por qualquer outra causa. A fantasia de criar a sociedade ideal ou de fundar o sistema religioso perfeito está longe de ser uma forma cativante de romantismo: transforma-se facilmente em terror. Ouvir a voz que nos manda seguir seu mapa perfeito para reconstruir o Éden geralmente não resulta em paraíso, mas em inferno na Terra, quer seja em versão feita em casa, quer seja em versão feita para exportação.

Aplicar a sabedoria da Queda às relações interpessoais nos compromete a uma vida inteira de perdão, inclusive perdoar a si mesmo. Aplicá-lo na esfera mais ampla das relações nacionais e internacionais nos compromete com a modéstia política. Não se reconhece suficientemente que a ideia da Queda está por trás de algumas das nossas melhores experiências políticas, tais como a democracia liberal. O tipo de sociedade que desenvolvemos no norte da Europa, por mais defeituosa que seja, tem três características que a redimem, a primeira das quais é uma saudável desconfiança do poder e daqueles que o detêm. Sabe muito bem que é preciso exercer o poder para que a sociedade possa funcionar, mas tem plena consciência, de seu conhecimento da história humana, que o poder é uma prática invariavelmente corrupta para os humanos. A reação adaptativa a essa descoberta é dupla. Primeiro foi o princípio da reversibilidade: jamais entregar o poder antes de saber como livrar-se das pessoas a quem o entregou. Relativo a isso estava a gradual construção de poder e contrapoder dentro e entre os próprios centros do poder. Associado a esse realismo acerca dos efeitos corruptores do poder estava o surgimento da tolerância na função de imperativo ético fundamental nas sociedades plurais: não uma decisão mesquinha de viver com gente de quem discorda, mas algo que era quase celebratório em seu reconhecimento de que a variedade e a diferença humanas são positivamente boas para a comunidade. Outra característica do estilo liberal democrático é a convicção de que é errado prejudicar o próximo. Todos discordaremos acaloradamente a respeito da melhor maneira de fazer o bem e se temos alguma obrigação de ao menos tentar; porém a maioria de nós concordará a respeito da importância de não prejudicar e provavelmente concordará, também, com a simples base ética de tal princípio: jamais fazer a outrem o que não gostaríamos que fizessem a nós.

Se a ideia da Queda e da Expulsão do Éden é o *yin* dos grandes mitos bíblicos, então a ideia do Retorno é o *yang*. Encontra-se no grande mito hebraico do Êxodo do Egito, que se expressa nas escrituras cristãs na ideia da ressurreição. Sua expressão mais terna no Novo Testamento é a história da restauração de Pedro, que se encontra no Evangelho de João. Depois da crucificação de Jesus e de sua própria deserção, Pedro retorna à antiga profissão de pescador no mar da Galileia. É preciso um poeta como George Mackay Brown para expressar a esperança e o arrependimento da cena:

> Pescadores cujas mãos queimaram
> O roçar do cabo e a forqueta
> Pelo lago vão:
> Quem assoma sob a luz mortiça
> Que do fogo emana, sobre as rochas da costa,
> A recolher peixes num pote?

É o homem que ataram
Na árvore morta.⁸⁹

Com o supremo tato do artista, João mostra mas não fala o que aconteceu em seguida no encontro de Pedro com o homem na praia:

> Perguntou Jesus a Simão Pedro: "Simão, filho de João, amas-me mais do que estes outros?" Ele respondeu: "Sim, Senhor, tu sabes que te amo." Ele lhe disse: "Apascenta os meus cordeiros." Tornou a perguntar-lhe pela segunda vez: "Simão, filho de João, tu me amas?" Ele lhe respondeu: "Sim, Senhor, tu sabes que te amo." Disse-lhe Jesus: "Pastoreia as minhas ovelhas." Pela terceira vez Jesus lhe perguntou: "Simão, filho de João, tu me amas?" Pedro entristeceu-se por ele lhe ter dito, pela terceira vez: "Tu me amas?" E respondeu-lhe: "Senhor, tu sabes todas as coisas, tu sabes que eu te amo." Jesus lhe disse: "Apascenta as minhas ovelhas."⁹⁰

Não há menção às traições, porém há uma oportunidade de repetir as confissões, as confissões sinceras que se despedaçaram na pedra da fraqueza de Pedro. Ele não era um monstro, um homem perverso: a perversidade é inconsciente de si mesma. Pedro era um homem fraco e a fraqueza é bem consciente de si. O que Jesus restabeleceu em Pedro foi o dom de continuar errando sem ser destruído por isso. Esse é o fruto do perdão, e foi a principal mensagem de Jesus. A renovação tripla dos votos rompidos não reparou suas três negações: não se pode desfazer o passado. Porém isso lhe deu a possibilidade de um novo futuro. Afora os danos que provocamos quando falhamos com outrem, a principal transgressão é o modo como nos aprisionam em lembranças constantes do passado. Ao nos persuadir a abrir mão de toda esperança de um passado melhor, o perdão nos dá a possibilidade de um futuro melhor e troca o desespero por esperança. Repito que perderemos a mensagem existencial do confronto entre Pedro e o Jesus ressuscitado se começarmos a nos irritar com sua historicidade. Quem pode dizer de que tipo de acontecimento estamos tratando? Poderia ter sido um evento na cabeça de Pedro que, de repente, após a morte de Jesus, entendeu a mensagem que, tão evidentemente, deixou de entender enquanto ele estava vivo: que sem o perdão a tragédia da condição humana aumenta, e que ele precisava começar por perdoar a si mesmo. O importante na esperança não é *como* ela retorna, mas que retorne, repetidas vezes. O ato mais cruel do vasto repertório de crueldades humanas é a negação da esperança; e o ato mais bondoso é sua restauração.

Se a restauração da esperança pessoal e social por meio da prática constante do perdão é um dos elementos do mito do Retorno, então o outro tem a mesma importância: embora os monstros possam triunfar em tempo real, no longo alcance da história são, geralmente, derrotados. Podem matar o poeta; não conseguirão nunca matar o poema. Podem — e costumam fazê-lo — matar o profeta; não conseguirão nunca matar a recordação de seu desafio aos poderosos. Um modo de entender o que quero dizer é intencionalmente interpretar mal a tradução latina do famoso aforisma de Hipócrates: *ars longa, vita brevis*. A arte, inclusive a sabedoria espiritual, dura muito tempo depois que os tiranos são enterrados. A arte sozinha não consegue nos salvar de nós mesmos, é claro, mas pode fazer parte do que nos salva. Segundo o grande pessimista alemão Arthur Schopenhauer, o mundo é um lugar cruel que devora seus filhos e pouco se importa com seus sofrimentos. Só duas coisas, acreditava ele, podem nos ajudar a minimizar o horror: uma delas é a capacidade de sentir piedade; a outra é a arte. Eu iria um pouco mais além de Schopenhauer e declararia que a arte, onde incluo o entendimento existencial da religião, pode aumentar a nossa piedade ao nos ajudar a entrar de maneira imaginativa na vida dos outros. Não é por acaso que os grandes monstros da história todos detestavam a piedade. Em um discurso à Convenção Nacional em Paris, em 26 de fevereiro de 1794, no auge do Terror, Robespierre chegou ao ponto de dizer: "Piedade é traição." As artes, além de suscitar em nós o tipo de piedade traiçoeira que se opõe aos homens irados ou intoxicados pelo poder, provavelmente também sejam o nosso memorial mais duradouro. Quando estivermos mortos e esquecidos, e os capitães e os reis tiverem todos partido, as obras dos melhores artistas permanecerão como testemunhos do momento fugaz das nossas gerações na Terra. E, mais importante, com o tempo a arte duradoura ofusca os grandes monstros que passaram pelo mundo. Foi isso que Shelley demonstrou em "Ozymandias of Egypt":

> Um viajante encontrei, de nação ancestral.
> "Um grão par de pernas, de pedra e destroncado,
> No deserto está. Bem ao lado, no areal,
> Afunda parte de um semblante estilhaçado,
> De cenho e boca franzidos, de olhar glacial:
> Vê-se que o escultor as paixões bem conhecia

Que sobreviviam nos inertes fragmentos,
A mão que as simulava e o peito que as nutria.
No pedestal estes dizeres vereis tu:
'É meu nome Ozimândias, o rei dos reis:
Ante mi'as obras, ó Grande, perde a esperança!'
Nada mais há: a circundar a derrocada
Da ruína colossal, perde-se à distância
A uniforme areia nua, desmesurada."[91]

Nada seria lembrado de Ozymandias, rei dos reis, não fosse o escultor que captou seu escárnio de comando frio e o poeta que contou a história dele. E quem se lembraria de Pôncio Pilatos hoje se ele não tivesse assinado a sentença de morte de um pastor ambulante de gênio moral na província da Judeia, próximo ao final de seu mandato no governo? O mito do Retorno não nos salva da tragédia — as crucificações continuam —, mas nos lembra de jamais respeitar aqueles que podem matar o nosso corpo, porém jamais conseguirão matar a nossa alma.

A tensão criadora entre os dois grandes mitos da Expulsão e do Retorno não está só na religião que os imaginou, mas na vivência universal da humanidade. Inevitavelmente, já que temos dificuldade de manter qualquer tipo de tensão, geralmente resolvemos a dificuldade nos movendo para um extremo ou outro — talvez sejamos movidos por fatores, inclusive temperamentos, que estão além do nosso controle. Indivíduos, bem como religiões e sociedades inteiras, podem ser toscamente divididos naqueles que dão ênfase à Queda e naqueles que dão ênfase às possibilidades de restauração; entre os que dizem um "Não" proibitivo à esperança humana, e aqueles que dizem um clemente "Sim". E a própria arte vive dentro da força dessa tensão, especialmente a literatura. Em *The Unquiet Grave*, Cyril Connolly escreveu algo que me assombra desde que me deparei com o texto: "Só existem duas maneiras de ser um bom escritor: como Homero, Shakespeare ou Goethe, aceitar a vida completamente, ou como Pascal, Proust, Leopardi e Baudelaire, recusar-se a perder de vista o seu horror."[92]

O Sim e o Não. Religião e arte maravilhadas perante o ser do ser, a existência real das coisas — o fato de que existe uma esquina na rua — e reagem tanto com admiração quanto com horror. O modo do artista perceber aumenta e concentra a existência real das coisas. Sim, e a estranheza das coisas. "Rilke disse a respeito de Cézanne que ele não pintava 'eu gosto disso', ele pintava 'Eis'."[93] Há um ótimo exemplo disso no relato que Proust fez da morte de Bergotte, uma versão fictícia dele mesmo. Bergotte amava a *Vista do Delft* de Vermeer, uma imagem que ele acredita ter decorado totalmente. Mas um crítico acaba de elogiar a perfeição de "um pedacinho da parede amarela" de que Bergotte não consegue se lembrar, portanto, vai ver outra vez. É assim que Proust descreve a cena:

> Ele se lembrava [dela] mais brilhante, mais identificativa do que qualquer outra coisa que conhecera, porém em que, graças ao artigo do crítico, reparou, pela primeira vez, pequenas figuras humanas em azul, o rosa da areia e, por fim, o minúsculo trechinho amarelo na parede. A tontura aumentou; ele fixou o olhar, como uma criança, numa borboleta amarela que ele quer pegar, sobre o precioso trechinho da parede. "Era

assim que eu devia ter escrito", disse ele. "Meus últimos livros são áridos demais. Eu devia ter continuado a revesti-los com mais cores, feito as frases elaboradas, como este pedacinho da parede amarela." Enquanto isso, ele percebeu a gravidade de sua debilidade física. A ele parecia que, na balança celestial, se equilibravam de um lado sua própria vida, do outro lado o pedacinho de parede tão belamente pintado de amarelo. Repetia para si mesmo: "Pequeno trecho amarelo na parede; pequeno trecho amarelo na parede." Enquanto o fazia, afundou num sofá circular. (...) Mais um golpe o derrubou, ele rolou do sofá para o chão, enquanto visitantes e frequentadores corriam na direção dele.[94]

Ao contrário da arte que, apaixonadamente, *repara* em coisas como uma pequena mancha amarela na parede, a religião tem uma fraqueza fatal por tentar *explicá-las*. Contudo, se abandonarmos a função explanatória da religião, às vezes podemos fazê-la voltar a ser uma arte que, embora se recuse a perder de vista o horror da vida, também está equipada com a sabedoria profunda de seus mitos para aceitá-la completamente. Por trás da arquitetura do mito religioso em sua modalidade pessimista, ouve-se um grande "Não" aos crimes e às loucuras da humanidade. Interpretado como metáfora, um construto imaginativo, o mito da Queda se encaixa na realidade da condição humana: "o horror, o horror".[95] Há uma ficção do pecado original, uma recusa de perder de vista esse horror, e alguns dos melhores textos da humanidade pertencem a ela. Porém, em meio ao horror, ainda é possível às pessoas buscarem umas às outras passando por cima dos portões quebrados. Precisamos de ambas as formas de honestidade religiosa e artística hoje em dia, do Sim e do Não; mas acredito que precisamos mais do Sim. Não tenho motivo para supor que os indivíduos estejam menos complacentes do que eram, menos dispostos a procurar uns aos outros por cima dos portões quebrados, mas há algo feio e imperdoável na nossa cultura comum no momento, expresso no caráter alegremente vingativo de certos setores da imprensa com relação às trágicas fraquezas das figuras públicas. É por isso que me orgulho por ter o poeta melancólico escocês Iain Crichton Smith nos dito que é "somente em razão da nossa fraqueza que somos bondosos" e nos lembrou que nunca é tarde demais "para perdoar a nossa pobre jornada e o nosso túmulo comum".[96]

Anteriormente citei o aforismo de Hugh Walpole de que a vida era uma comédia para aqueles que pensam e uma tragédia para aqueles que sentem como outra versão do *yin-yang* da história, a Queda e o Retorno; mas talvez hoje precisemos de menos ênfase no lado trágico da vida e mais no lado cômico. Em 1974, quando a guerra do Vietnã ainda se arrastava, um professor de inglês chamado Joseph Meeker escreveu um livro a que deu o título *The Comedy of Survival*. Curiosamente, combinava crítica literária com um exame do comportamento animal. Oferecia um modo de ver o mundo e uma estratégia de vida que ele chamava de "a via cômica". Ele reparara que, embora a comédia não fosse obrigatoriamente humorística, contrastava muito com a visão trágica da vida, propensa a fabricar moralidades abstratas e empenhar-se no tipo de lutas pelo poder que, inevitavelmente, terminavam em calamidade. Ao contrário do animal humano, ele afirmava que as obras do mundo natural são essencialmente cômicas. Elas dizem respeito a durabilidade, sobrevivência e, o que é mais importante, reconciliação. A evolução, escreveu Meeker,

> [...] avança como uma comédia oportunista, sem escrúpulos, cujo objetivo parece ser a proliferação e a preservação de tantas formas de vida quanto possível. Os participantes bem-sucedidos são os que vivem e se reproduzem, mesmo quando passam por dificuldades e perigos, e não aqueles mais capazes de eliminar inimigos ou adversários. Suas regras básicas para participantes, inclusive seres humanos, são as que também regem a comédia literária; os organismos precisam adaptar-se às suas circunstâncias de todas as maneiras possíveis; devem evitar, atentamente, as escolhas entre tudo ou nada; devem procurar alternativas para a morte; devem aceitar e divertir-se na diversidade máxima; devem se adaptar às limitações acidentais de nascença e do ambiente, porém competir e ganhar quando necessário. (...) A comédia é uma estratégia de vida que contém sabedoria ecológica, e pode ser um dos nossos melhores guias quando tentamos conservar um lugar para nós entre os outros animais para viver segundo a via cômica.[97]

Ao discorrer sobre esse trecho, Richard Mabey[98] nos faz lembrar que a maior expressão da via cômica é a representação (inclusive o que os seres humanos chamam de arte), um fenômeno quase universal entre os animais mais complexos, e que, em sua exuberante falta de propósito, se aproxima o máximo possível do entendimento do significado da vida. Representação, arte, falta de propósito exuberante: isso pode, decerto, fortalecer o nosso amor pela vida e pela vida dos outros com quem o compartilhamos; e podem até nos ajudar a fazer amizade com a tristeza que sempre nos acompanha na nossa jornada rumo ao túmulo. A beleza desse insight é que ele nos incentiva a perceber e a aprender com os outros animais com quem dividimos o planeta, de cuja vida e importância desdenhamos com tanta crueldade. Nós os tiranizamos e chegamos perto de nos destruir em razão do desejo ardente de propósito a que nossos grandes cérebros nos atraíram. O nosso vício em propósito, a nossa paixão por sentido nos prendem num desdém daqueles que seguem outros propósitos, perseguem outros significados. Mas, e se não houver religião suprema nem sentido político perfeito para a vida? E se o sentido da vida for a própria vida, e vivê-la com sabedoria e ternura for o único propósito que lhe pudermos dar? Então a via cômica pode nos salvar de nós mesmos, persuadindo-nos a nos levar menos a sério. E, o que é também importante, pode salvar o planeta e as outras criaturas com as quais o repartimos. Não sabemos por que a Terra, a nossa mãe provedora, porém indiferente, nos pariu, e ela talvez não saiba também; mas aqui estamos, lançados na exuberante falta de propósito do ser. Parece uma pena não desfrutar dela por si só. Mas, antes de podermos contemplar esse estado feliz, teremos de pensar novamente nos monstros que reprimem a alegria humana — e nas pessoas notáveis, poucas em qualquer geração, que resistem a eles.

6
Santo

Aquele que ignora até que ponto a sorte variável e a necessidade subjugam a alma humana não pode ver como semelhantes nem amar como a si mesmo aqueles a quem a sorte dele separou com um abismo. Não é possível amar e ser justo quando não se conhece o império da força e não se sabe respeitá-lo.

SIMONE WEIL

Quando eu era um insuportável jovem seminarista, parte da minha disciplina devocional diária era ler enfadonhos volumes de hagiografia. Dispúnhamos de inúmeros dicionários biográficos, que nos forneciam um texto curto sobre os santos em seu dia no calendário litúrgico. O formato era bem comum. Havia um resumo cronológico da vida do santo, um relato dos milagres que realizou — sendo a capacidade de fazer milagres parte constitutiva da santidade —, a data da morte e uma lista de objetivos para os quais se reconhecia que as preces ao santo eram eficazes. Anos depois, em um pesaroso sermão que fiz sobre as lições que aprendi nessa fase de piedade juvenil, criei um exemplo fictício do tipo de coisas com que eu costumava me deparar.

Santo Prigissimus, nascido em Whitby em 607, filho de pais devotos, era conhecido por sua piedade desde a mais tenra idade. Aos 5 anos de idade, ele fazia questão de costurar espinhos na camisa para se identificar com os sofrimentos de Nosso Senhor. Realizou seu primeiro milagre aos 7 anos, no tio, homem grosseiro e libertino, que sofria muito com pedras nos rins: ao receber uma piedosa advertência do santo sobrinho para que corrigisse sua vida pecaminosa, o tio expeliu espontaneamente as pedras aos pés do jovem, para louvor e admiração dos presentes. Aos 9 anos, Prigissimus se recusou, daquele momento em diante, a olhar para membros do sexo oposto, inclusive a própria mãe e as irmãs. Dali em diante, sempre que encontrava uma mulher, ele puxava o capuz sobre o rosto e olhava para baixo, a fim de proteger sua pureza contra os olhares lascivos. Aos 11, deixou milagrosamente mudos dois de seus colegas de escola por zombarem dele com blasfêmias. Ingressou no Mosteiro do Grande Bocejo no aniversário de 13 anos, e tornou-se abade aos 17. Alimentava-se de nabos e água fria até os 28 anos de idade, quando morreu em grande agonia, embora sem reclamar. Foi canonizado em 697 e é o santo padroeiro dos que sofrem da síndrome do intestino irritável, e suas orações são especialmente eficazes contra esse mal. Seu símbolo é o nabo e sua data é 30 de fevereiro.

Por trás da convenção dessa descrição fictícia está toda uma teoria de vida, que está longe do amor incondicional pelo mundo que encontramos no fim do romance de Hollinghurst — "o fato de uma esquina" — pois é possível de se obter. O ascetismo radical do tipo descrito no trecho se baseia em ódio incondicional do mundo, para que suas adulações não convençam a alma a se afastar de sua ascensão solitária até Deus. Esta é uma versão extrema da antiga ansiedade que já mencionei: como podemos desfrutar dos prazeres dos sentidos sem ser totalmente subjugados por eles? Embora seja decerto verdade que alguns de nós não controlamos bem o que a tradição ascética cristã define com menosprezo como nossos "apetites carnais", o que é sempre desprezado é que a vivência particular da fraqueza da carne pode nos inocular contra compulsões mais cruéis de julgar e dominar o próximo. Iain Crichton Smith já nos lembrou que é "somente em razão da nossa fraqueza que somos bondosos". Uma das mais doces ironias da vida espiritual é que a aceitação sincera da nossa própria falta de autocontrole pode ser a única coisa que nos impede de tentar controlar os outros. Neste livro, não estou usando a palavra "santo" em nenhum de seus sentidos tradicionais, principalmente se estiver associada às denegações que caracterizam o ascetismo. De fato, pode-se argumentar que a luta constante de negar a nós mesmos os prazeres da vida geralmente só resulta no desenvolvimento de uma personalidade tensa e agitada. Afinal, Hitler era ascético, mas também foi um dos maiores monstros do século XX. Talvez, se ele soubesse gozar a vida, a história do século XX teria sido bem diferente. Enfim, darei à palavra "santo" diversos matizes de significado neste capítulo, mas nenhum deles terá qualquer semelhança com o pobre Prigissimus.

A palavra para "santo" na versão grega do Novo Testamento é *hagios*. Originalmente, ela se referia a objetos, tais como panelas e tigelas, que eram reservados ao uso sagrado nos cultos. Com o tempo, foi aplicada a todo o povo de Israel, pois se acreditava que este fora escolhido por Deus para determinado fim. Nesse ponto, ainda falta à palavra qualquer ressonância de caráter ou comportamento elevado ou aperfeiçoado. É um mundo funcional que denota determinado papel, o modo como alguém reservaria uma calça velha para serviços de jardinagem, em vez de jogá-la fora. O cristianismo tomou de empréstimo a palavra do judaísmo — assim como pegou muitas outras coisas emprestadas — e, com o tempo, ela se tornou moralizada e associada, embora não exclusivamente, à abnegação heroica. Não obstante, o significado principal da palavra ainda é útil: existe gente diferente do resto de nós; são pessoas que se destacam, quer pelas circunstâncias ou pelo caráter, para o confronto e o diálogo com os monstros humanos que pisoteiam a alegria dos outros. Para ser preciso: desafiam os homens que se permitiram ser totalmente subjugados pela força e se tornaram instrumentos desalmados da dominação de outrem. Muitos de nós provavelmente ficaremos acovardados ou hipnotizados pelo glamour do poder em suas muitas manifestações. A pessoa que se afasta, o *santo* neste sentido especializado, não se deixa impressionar por nada disso. Nas palavras de Simone Weil, elas avaliaram o domínio da força e sabem como não respeitá-la. Tais pessoas são raras em qualquer geração, e costumam sofrer por serem corajosas. Uma das mais valorosas foi Osip Mandelstam, um judeu russo que foi preso em 1934 por escrever um poema sobre Josef Stalin.

Vivemos sem ouvir o solo sob nossos pés,
E a dez passos não há quem nos ouça falar.

Tudo o que ouvimos é o montanhês do Kremlin,
Homicida, matador de camponeses.

Seus dedos são gordos como larvas,
E as palavras, derradeiras tal qual pesos de chumbo,
caem de seus lábios.

Seu bigode de barata desdenha
E refulge seu coturno.

Em volta, há uma súcia de líderes atarracados:
Semi-homens bajuladores com quem pode brincar.

Eles relincham, ronronam ou ganem
Enquanto ele tagarela e com o dedo aponta.

Um após o outro forja suas leis, a serem atiradas
Como ferraduras à cabeça, ao olho ou à virilha.

E toda morte é uma festa
Para o osseta de peito largo.[99]

Osseta era referência a um boato de que Stalin era de uma linhagem iraniana do norte da Geórgia. No poema que lhe custou a vida, Mandelstam põe o dedo no efeito mais traiçoeiro que o poder surte sobre os homens fracos: "semi-homens bajuladores com quem se pode brincar". Fora aqueles que são reduzidos a coisas em sua forma mais literal na morte pelas mãos dos poderosos, a maioria se irrita com suas diversas manifestações, inclusive as relativamente benignas. Estude fotografias de pessoas se reunindo com os nobres; observe os membros novatos do Parlamento na presença do primeiro-ministro; observe os bispos visitantes na presença do papa: os esqueletos deles se derretem, eles se tornam sorridentes, ternos e obedientes, com um semblante de bobos; perdem definição moral. A força da presença visitante os transforma em coisas. É dificílimo resistir a esse efeito. Mesmo que você seja um dos puritanos hipócritas a resistir ao sentimento de admiração excessiva, o fato de ter de aplicar energia para não ficar impressionado mostra que você também ficou irritado com a força. E aqueles que foram totalmente possuídos por ele e lhes foi extraída toda solidariedade humana detestam qualquer contestação a sua vaidosa autoridade. Mandelstam foi preso pelo poema sobre o alpinista do Kremlin, assassino e exterminador de camponeses. Morreu em um campo de trabalhos forçados em 1938.

A questão central deste livro, que creio ser a questão central que a humanidade enfrenta, é até que ponto deixaremos a força, em quaisquer de suas formas, nos transformar em gente que ameaça outras pessoas como se fossem coisas, por mais limitado que seja o alcance da nossa influência. No primeiro capítulo, reparamos como o sexo, em especial, se presta a esse tipo de reificação; mas um dos muitos paradoxos da necessidade sexual é que um reconhecimento pesaroso de seu poder sobre nós pode nos induzir a vidas de maior bondade. Admitir com sinceridade até que ponto temos sido vítimas da força pode ajudar-nos a nos recusar a vitimizar outros. Andrea Dworkin explorou a possibilidade liberadora desse paradoxo em *Intercourse*. No capítulo três, "Stigma", ela faz uma análise comovente de outra peça de Tennessee Williams, *Um bonde chamado desejo*. Em sua leitura desse texto, Dworkin descobre um modo possível de transcender a pressão incessante da força da vida sobre a nossa frágil humanidade. Encontra-se no contraste entre Stanley — a expressão perfeita da sexualidade bruta, sem remorsos — e a vulnerável Blanche, cuja promiscuidade é, na verdade, a procura de um refúgio de gentileza em um mundo brutal. É assim que Williams descreve Stanley:

> O prazer animal em seu ser está implícito em todos os movimentos e comportamentos. Desde o início da maturidade o centro de sua vida tem sido o prazer com mulheres, e dar e tirar dele, não com fraca complacência, dependência, mas com a força e o orgulho de uma ave de rica plumagem entre as fêmeas.[100]

Stanley não tem vida interior, é incapaz de sentir, de identificar-se com a dor e o sofrimento do próximo, ao contrário da cunhada Blanche, que é marcada por uma forte capacidade de sentir. Comparada à sexualidade animal de Stanley, Blanche tem a aptidão nitidamente humana de sofrer as consequências íntimas do sexo e do amor, em especial a solidão e o remorso que quase sempre os acompanham. Dworkin descreve o fato de Blanche ter essa tristeza indelével, talvez uma incapacidade humana de curar, porque alguns tipos de dor não diminuem no coração humano.[101] Blanche chegou ao fim da linha: perdeu o emprego de professora porque foi julgada moralmente inadequada, depois de ter relações sexuais com um aluno de 17 anos de idade; seu imóvel foi devorado pelas dívidas; e suas aventuras sexuais, que ela chama de "intimidades com estranhos", acabaram, porque ela está desgastada. Ansiosa por encontrar uma greta na rocha do mundo onde se esconder, ela deseja que Mitch — parceiro de carteado de Stanley — se case com ela, mas isso depende de manter a mentira de sua alta estirpe, de ser uma dama, de jamais ter entrado no bonde chamado Desejo. Quando Mitch descobre a verdade sobre ela, descarta-a; e lhe diz que ela não é limpa o suficiente para estar sob o mesmo teto que a mãe dele. Na conclusão da peça, enquanto a esposa, Stella, está no hospital dando à luz, Stanley estupra Blanche. Dworkin escreve:

> Já que não tem vida interior de sentimentos, Stanley não sente remorsos; o estupro é só mais uma trepada para ele. (...) Blanche paga o preço de ter sexualidade e consciência humanas. (...) Para ela, o sexo fazia parte de uma busca de consolo humano, de bondade humana. (...) Stanley, ordinário, irreprimido, era o inimigo natural do sexo com qualquer dimensão de anseio ou sentido humanos, qualquer vontade que não fosse de uma trepada crua, fria, dura, um uso sensual sem qualquer margem de solidão ou descontentamento.[102]

Stella rejeita a versão da irmã do que aconteceu. Essa rejeição rompe a instável apreensão que Blanche tem da realidade, facilitando para Stanley interná-la num hospital psiquiátrico, tática que tem sido frequente reação de autoridade masculina às reações emocionalmente inoportunas da sexualidade feminina. Desde a colocação de mulheres "perdidas" nas Magdalene Laundries, a seu encarceramento em hospitais para doentes mentais, a autoridade masculina vem sendo brutalmente eficaz em calar e encobrir as consequências constrangedoras de suas próprias luxúrias.

Dworkin acredita que o resgate desse ciclo de brutal falta de sentido vem pelo que ela chama de "estigma", latim para "marca", grego para "tatuagem", cujo plural normalmente se refere às marcas ou feridas do Cristo crucificado.[103] É por intermédio do sofrimento que encontramos a possibilidade de resistir à força implacável que com tanta frequência ameaça nos asfixiar como areia.

> As consequências para a vida humana do sexo desejado e tido são quase sempre patéticas, reduzindo a pessoa ao pathos. Ser marcado pela sexualidade significa experimentar seus efeitos — e fica-se marcado quando se foi tocado, e a marca permanece; isso não é novo. (...) Ser marcado significa que o sexo tem um preço, e que alguém pagou. O estigma é ser destacado, não apenas por uma vocação para o sexo, mas também, talvez, por uma vocação para as consequências humanas — perda, sofrimento, desespero, loucura.[104]

Junto com o sofrimento que o sexo provoca vem a possibilidade de empatia com o próximo, de vê-los como seres iguais a nós, cujo medo mais profundo é serem transformados em coisas. Essa sensibilidade aos outros se aproxima do imperativo categórico kantiano: "Pois todos os seres racionais estão sujeitos à lei de que cada um deve tratar a si mesmo e ao próximo, nunca como um mero meio, mas, em todos os casos, como um fim em si mesmo."[105] O paradoxo salvador em tudo isso é que o remédio possível para a força reificante da sexualidade está em reconhecer que nós mesmos fomos marcados e que ela nos fez sofrer.

O sofrimento provocado pela necessidade sexual pode ser a indicação de sua humanização e adestramento, mas me pergunto se também não pode ser, às vezes, a fonte de algo mais profundo: não seria que a experiência daquilo que Dworkin denomina ferida sexual possa dispor alguns dos marcados por tal ferida a enfrentar os que detêm poder mais letal? Estou pensando em dois ministros cristãos notáveis — santos no meu sentido do termo, porque se dedicaram a derrubar a tirania — que foram prejudicados pelas próprias necessidades sexuais, contudo contestaram os poderosos, pagando por isso um alto preço. Martin Luther King foi o Moisés do movimento pelos direitos civis nos EUA: aproximou seu povo da terra prometida, embora ele mesmo jamais estivesse destinado a nela entrar. King esperava que um dia o país vivesse o verdadeiro significado de seu próprio credo, de que "todos os homens são criados iguais". Em seu mais famoso discurso, ele sonhava que um dia, nas colinas vermelhas da Geórgia, os filhos dos antigos escravos se sentassem à mesa da fraternidade com os filhos dos antigos donos de escravos. O monstro que ele enfrentou era complexo. Era personalizado na forma de xerifes, governadores e diretores de escolas racistas, mas seu verdadeiro poder estava em sua profunda e quase irremovível raiz na vida institucional da nação que ele dispôs-se a mudar. A história desse confronto com aquele monstro de muitas cabeças e o preço que ele pagou são bem conhecidos e não preciso repetir aqui. O que só descobrimos lentamente com o passar dos anos desde sua morte foi que ele também lutava com necessidades sexuais que eram incompatíveis com as convenções da Igreja a que pertencia. Suas atividades extraconjugais eram secretamente gravadas pelo FBI e usadas contra ele.[106] Ele foi assassinado antes que a informação pudesse ser usada publicamente para destruí-lo, embora saber que ele era espionado aumentasse o fardo de suas lutas, não só em sua própria natureza, mas com os tentáculos do sistema que ele confrontava. Repetiu-se recentemente uma versão dessa história no Zimbábue, onde o arcebispo católico Pius Ncube — uma das principais vozes do protesto contra a vaidade e a tirania de Robert Mugabe, um dos monstros da África pós-colonial — foi vítima de uma exposição governamental de sua vida sexual. A tragédia é que a gravação em vídeo do arcebispo na cama com uma mulher, quase certamente obtida por meio de atividades da Organização Central de Investigação em Bulawayo, conseguiu silenciar um dos mais persistentes e eficazes críticos de Mugabe. A ironia é que não ofereceram uma refutação das acusações de Ncube ao péssimo governo do regime de Mugabe, mas o silenciaram com revelações sobre sua vida amorosa. Dado seu status oficial como padre celibatário, era provavelmente impossível esperar que Ncube se livrasse do escândalo expondo o absurdo de acharem que revelações sobre sua própria fraqueza poderiam, de algum modo, invalidar suas acusações contra Mugabe, outro assassino de camponeses stalinesco. O que o incidente revela é como a força cruel se defende e como é perita no jogo das cartas sexuais quando lhe convém.

Mas os políticos estão longe de ser o único grupo que joga o jogo dos "trunfos sexuais a cada problema moral do planeta". Andrea Dworkin acredita que o ressurgimento do fundamentalismo religioso no mundo de hoje é uma reação do grupo de poder masculino contra os avanços sociais e civis das mulheres na sociedade. Embora sua linguagem mencione constantemente a ordem divinamente estabelecida do universo, Dworkin encara a revolta tradicionalista como mera tentativa de restabelecer o poder masculino. Segundo ela, isso envolve inevitavelmente um rigor maior nas restrições ao comportamento sexual masculino, bem como a intensificação dos controles civis e sexuais sobre as mulheres.[107] Significativamente, ela acha que a oposição dos tradicionalistas às recentes liberdades civis e sociais dos homossexuais é o outro lado do mesmo fenômeno. A Igreja Anglicana não é a única religião que luta com esse problema, embora seja a única a fazê-lo em praça pública. Muitos analistas estão confusos com o fenômeno de uma comunhão tradicionalmente abrangente se fragmentar em razão do status eclesiástico de homens e mulheres de orientação homossexual. Ironicamente, todo o terreno em que avançou a emancipação dos homossexuais na Igreja Anglicana vem sendo liderado por bispos da África, onde a pobreza e a corrupção política são problemas morais muito maiores que a vida sexual dos bispos, por mais animada ou heterodoxa. Os bispos estão jogando a carta de Mugabe por vingança: ignorem a corrupção, as doenças e o desgoverno criminoso; o único problema realmente importante é o que os bispos fazem dentro de seus respectivos quartos. Recebi mais um comentário sobre esse tema de uma professora de uma universidade sul-africana que conheci na Lambeth Conference em 1998: ela me disse que a melhor maneira de entender a revolta dos bispos africanos contra as posturas liberalizantes acerca da homossexualidade era uma afirmação do controle masculino da sexualidade. Um aspecto disso sempre foi o tradicional domínio dos homens sobre as mulheres, mas o outro tem sido a antiga proibição da sodomia *pelo modo como solapa o domínio masculino*. Dworkin vai direto ao ponto, como sempre:

> Será que a sodomia pode tornar-se forma lícita de relação sexual sem comprometer irreversivelmente o poder masculino sobre as mulheres, baseando-se esse poder no fato de ser o homem completamente diferente das mulheres em uso, em função, em postura e posição, em papel e em "natureza"? Ou será que a legalização da sodomia ferirá de morte o poder classista dos homens por sancionar a foda em que os homens são tratados como mulheres; as fronteiras do corpo do homem não sendo mais, em questão de política social e direito divino, invioladas?[108]

A intensidade apaixonada da oposição dos bispos africanos à liberação gay é psicologicamente significativa. O cristianismo tem, geralmente, conseguido adaptar-se às evoluções sociais, tais como a democracia, que era vista, a princípio, como inimiga de seu autoentendimento; ou a abolição da escravatura, que era considerada contra o testemunho claro das escrituras.

O sinal denunciador de que há uma ameaça psicológica, e não teológica, à espreita sob a superfície do debate é a presença da raiva. Virginia Woolf meditava sobre o motivo por que os homens estavam *tão zangados* grande parte do tempo. Parecia absurdo para ela que os poderosos ficassem irados, até que lhe ocorreu que a raiva era sempre "o espírito auxiliar, familiar, do poder".[109] O poder fica com raiva quando é ameaçado. Há muitas atividades, muitos costumes, que dividem as opiniões entre os humanos, mas a presença da raiva em geral nos diz mais sobre o estado do inconsciente do adversário do que os costumes que sofrem oposição. Sabemos, naturalmente, que muitos homófobos acabam se revelando homossexuais que odeiam a si mesmos — fenômeno que está longe de ser desconhecido nos círculos eclesiásticos. Mas é provável que a atual torrente de ódio despejada sobre os gays pelos prelados africanos tenha sua origem no desdém pela passividade sexual nos homens, por sua feminilização. O maior desdém por trás desse ódio aos gays talvez seja pelas próprias mulheres, pois elas são incapacitadas para o coito nesse sentido primordial. Os homens fodem. As mulheres *são* fodidas. Q.E.D.

Dada a ferocidade cruel com que os poderosos protegem seu direito de dominar e controlar a vida privada dos outros, o que nos poderia salvar do desespero é perceber a existência de uma série de pressões compensatórias. Em nós, o universo, essa óbvia explosão desproposital de poder cego, alcançou a consciência e a capacidade de ser um objeto em si. Um aspecto dessa consciência é a capacidade de não só empatizar com as vítimas da força indiferente, mas a coragem de enfrentar aqueles que fazem de si seus instrumentos. Não agindo mais às cegas, programado por forças inconscientes, sobre as quais não tem controle nenhum, em nós o universo passa a ter volição, embora limitada, e nos oferece a oportunidade de alterar o curso predeterminado dos acontecimentos. À sua maneira, esse é um mistério tão grande quanto a origem do próprio universo. Sabemos que não existia nada; depois existiu algo: e chamamos essa mudança quantitativa imensurável de singularidade. Também sabemos que já houve uma diferença cega; depois houve piedade: e chamamos de singularidade essa imensurável mudança qualitativa. Embora não possamos explicar nenhum dos acontecimentos, em nós estão realizados. Se quisermos sobreviver e prosperar, devemos trabalhar tanto no desenvolvimento da nossa capacidade de empatia quanto no desenvolvimento da nossa capacidade de racionalidade, para podermos resistir e nos desviar das energias imperiosas que ameaçam, não só a nossa própria felicidade e o nosso bem-estar, mas também a destruição de nossa espécie. Nem sempre precisamos sofrer para sermos manipulados pela força, nem conspirar pela nossa dominação; podemos aplicar outro método. É bem próximo de um processo de transformação pessoal traduzido como arrependimento no Novo Testamento. A palavra grega é *metanoia*, do verbo *metanoien*, que significa mudar de ideia. Obviamente, pode ser usada acerca do simples processo de reverter uma decisão anterior, como em: "Mudei de ideia acerca de ir de carro para a Invernolândia e resolvi ir de trem." Jesus usou a palavra para definir um tipo mais profundo de mudança, uma transformação de caráter que é, às vezes, denominada conversão ou inversão de direção da vida da pessoa. É por isso que traduzir *metanoia* como "arrependimento", embora limitador, é compreensível. *Metanoia* nos convida a realizar um ato de autoexame radical que conduz ao firme reconhecimento daquilo que construímos com a vida que recebemos e as escolhas que fizemos. É importante reconhecer ambos os fluxos que contribuíram para a formação do nosso caráter: os fatores além do nosso controle que nos predispuseram às escolhas que fizemos; e o fato de que fizemos as escolhas e fomos, portanto, cúmplices na nossa própria servidão. Esse método dialético afirma ambos os extremos do paradoxo humano: somos certamente determinados por fatores que nunca estiveram sob o nosso controle, inclusive a loteria genética e o nosso ambiente social e familiar; mas o fato da consciência, a marca distintiva da nossa humanidade, nos dá, embora minimamente, uma possível abertura rumo à liberdade e ao autocontrole. O autêntico autoconhecimento reconhece ambos os extremos da dialética da força: que ela nos tratava como coisa e nos transformou em seres que tratavam os outros como coisas. Começamos a compreender isso melhor quando tomamos conhecimento da realidade do que fizeram *conosco*, e o que, em consequência disso, fizemos aos *outros*. Só com esse reconhecimento estamos em posição de começar a dar a volta; só quando sabemos onde estamos podemos começar a planejar uma saída. Quando racistas, homofóbicos e abusadores de mulheres passam por um treinamento em sensibilidade, a expectativa é que cheguem ao reconhecimento de ambos os extremos desse paradoxo cruel: trataram os outros não como semelhantes, mas como objetos; no entanto, eles mesmos foram formados e manipulados por forças externas que trabalharam neles sem levar em conta sua humanidade.

Só nesse momento de reconhecimento pode, então, começar o processo de transformação radical, conversão, ou dar a volta.

Esses processos são bem difíceis individualmente; no âmbito coletivo e de grupo são de uma dificuldade inimaginável; não obstante, mesmo nesses níveis é possível atingir processos impressionantes de transformação. A Comissão Sul-Africana da Verdade e da Reconciliação foi criada para reagir ao trauma dos anos do apartheid. O método da comissão baseou-se na afirmação aparentemente monstruosa de que oferecer reconhecimento, confissão e perdão constituía reação mais adequada ao mal do que os ciclos intermináveis e autofortalecedores de vingança. Gobodo-Madikizela não tem dúvida:

> A questão não é mais saber *se* as vítimas podem perdoar os "malfeitores", mas se nós — nossos símbolos, língua e política, nossas instituições jurídicas, acadêmicas e de imprensa — estamos criando condições que incentivem alternativas à vingança. Chegamos a confiar muito na retaliação como única forma legítima de justiça.[110]

É aqui que ela apresenta uma argumentação interessante e controversa. Ela quer saber se a dinâmica entre vítimas e criminosos sofreu influência indevida de narrativas do Holocausto, que enfatizam com veemência a recordação, em vez do diálogo.[111] Pode ser que a intensidade horripilante do Holocausto tenha quase impossibilitado para os sobreviventes seguir qualquer caminho que não seja a recordação e o apego aos relatos, mas a história subsequente indica que, se os criminosos e as vítimas tiverem de viver juntos na mesma sociedade, então a recordação e o registro dos horrores que foram perpetrados devem vir acompanhados pelo diálogo, caso se queira alcançar a cura.

Por meio do diálogo, as vítimas e a sociedade em geral vieram a reconhecer os criminosos como seres humanos que fracassaram moralmente, quer via coerção, quer pelas convicções pervertidas de uma mente distorcida, quer pelo medo. Longe de aliviar a pressão sobre eles, reconhecer os piores criminosos como humanos a intensifica, porque a sociedade é, assim, capaz de exigir-lhes maior responsabilidade moral.[112]

Não obstante, é preciso acrescentar aqui uma observação equilibradora. Embora a Comissão Sul-Africana da Verdade e da Reconciliação tenha sido muito admirada, também foi criticada, não pelo bem que indubitavelmente praticou, mas pelo mal que deixou sem solução. Pode ser que o desequilíbrio em sua eficácia seja consequência das fortes influências cristãs que o suscitaram. Se a paixão judaica pela justiça fosse acrescentada à paixão cristã pela reconciliação, talvez se tivesse obtido uma cura mais completa dos horrores da era do apartheid. Justiça e reconciliação não se opõem uma à outra, são antitéticas — cada uma equilibra e completa a outra. Como demonstrou Hannah Arendt, a justiça declaratória é fundamental para se remediar a degradação da vítima; mas a reconciliação é igualmente fundamental, conforme indicou Gobodo-Madikizela, caso a sociedade queira reabilitar aqueles que se voltaram contra a humanidade.

Há sinais esperançosos de que partes da comunidade humana estejam começando a entender como a justiça e a reconciliação devem reagir aos males da força, caso queiramos criar comunidades saudáveis. Em quase todas as áreas de conflito do planeta existem movimentos de perdão e reconciliação em atividade; e também estão experimentando métodos restauradores e reformadores de justiça criminal, em vez de puramente retributivos. O principal a lembrar é a descrição de Andrea Dworkin do mundo "feito pelo homem". Assim como as relações entre os sexos são tradicionalmente dominadas pelo controle masculino, também o predomínio masculino caracteriza muitos outros aspectos da comunidade humana, tais como religião e política. Para ser otimista por um momento, vale lembrar que, sob a influência de pensadores feministas, os homens e as instituições que dominam há séculos mostraram-se capazes de arrependimento e transformação. Muitos de nós temos de negociar essas complexidades de maneira incompetente, às vezes temerosamente. Poucos de nós temos a coragem de um Martin Luther King ou de um Pius Ncube, santos engajados que engoliram seus próprios medos e enfrentaram monstros. Porém podemos todos fazer mais para levar o que Platão chamava de vida analisada, a única vida que ele achava que valia a pena. Poderia ter sido melhor ser valente, mas já é alguma coisa admitir que fomos covardes, em vez de negá-lo. Pode ter sido melhor nunca ter abusado dos outros e tê-los reificado, mas já é alguma coisa reconhecê-lo quando o fizemos: e pode até ser o início de uma mudança radical na nossa vida. Não precisamos sempre permitir que a força nos petrifique: há meios de resistir. Nunca nos falta esperança, e uma fonte de esperança é a existência de gente que parece ter uma capacidade de empatia e uma indiferença à força que é miraculosamente pura. Eles são os verdadeiros santos, que compreendem uma espiritual singularidade em si mesmos. Vale a pena pensar neles quando chego ao fim deste livro.

Encontramos uma indicação da natureza dessas pessoas em outra coisa escrita por Simone Weil. Em uma carta aos pais algumas semanas antes de morrer, em 1943, ela discutiu os loucos em Shakespeare. Disse ela:

> Quando vi *Lear* aqui, perguntei a mim mesma como era possível que o caráter insuportavelmente trágico desses loucos não estivera óbvio há muito tempo para todos, inclusive para mim mesma. Existe uma classe de pessoas neste mundo (...) e essas são as únicas pessoas que, de fato, são capazes de falar a verdade. Todas as outras mentem.[113]

Ela está dizendo que só os de fato inocentes agem com sinceridade natural em todas as situações. Curiosamente, embora não tenha usado o termo "louco", Nietzsche fez a mesma descoberta quando discorreu sobre o que denominava psicologia do redentor. Em *O anticristo*, ele chamava Jesus de "idiota": a intenção não era insultar, mas fazer menção aos romances de Dostoiévski. Achei útil este trecho de *Sacred Monsters, Sacred Masters*, do historiador da arte John Richardson, para entender aonde Nietzsche pretendia chegar. Richardson escreveu isto a respeito de Andy Warhol:

> Andy nasceu com uma inocência e uma humildade inexpugnáveis — mais uma vez, sua espiritualidade eslava — e, nesse aspecto, era uma reversão ao fenômeno russo, o *yurodivyi*: o

indivíduo simplório cuja *naïveté* quase divina supostamente o protege contra um mundo hostil. O exemplo de maior renome da literatura russa é o príncipe Myshkin de Dostoiévski. (...) Por tudo isso, os loucos santos são supostamente invioláveis, quase sempre estão correndo riscos físicos, são ímãs que atraem agressão. (...) Fiel à forma, Andy foi baleado por uma feminista demente.[114]

Em sua biografia de Leonard Woolf, Victoria Glendinning revela outro ângulo do mesmo fenômeno. Ao discutir a carapaça de Woolf, a fachada protetora que ele apresentava ao mundo, ela disse que ele conhecia algumas pessoas que eram diretas, simples e espiritualmente transparentes. Isso as fazia parecer quase pessoas simplórias; eram "os tolos" que Tolstói achava "as melhores pessoas do mundo".[115] Talvez porque sua inocência seja ameaçadora para a maioria moralmente comprometida, essas pessoas estão sempre correndo riscos no nosso mundo violento. O santo parece dotado pela natureza ou pela providência de uma indiferença à força em todas as suas formas, e fala a verdade com o poder em todas as ocasiões e em todos os lugares. Não obstante, sua inocência é incapaz de protegê-los contra o impacto da força sobre seus corpos e têm, de fato, mais probabilidades do que o resto de nós de serem vítimas intencionais. Falando especificamente sobre Jesus, Weil escreveu que nem mesmo o homem que não usa a armadura da mentira pode experimentar a força sem ser tocado por ela até a própria alma. Embora a graça possa evitar esse toque de corrompê-lo, não pode poupá-lo da ferida. Não temos, nenhum de nós, como escapar da força, das formas que a matéria bruta assume em seu domínio sobre nós, mas Jesus pertencia àquele minúsculo grupo que se recusa a respeitá-la. Esse tipo de verdade absoluta e indiferença à força que impulsiona o mundo parece ser um dom original do ser, e não algo que os seres humanos possam adquirir por esforço próprio. Quando a vemos em ação, contudo, quando encontramos a pessoa rara que não se deixa impressionar pela força em quaisquer de suas manifestações, sentimos nossa própria covardia e pusilanimidade sob juízo. Lembramos nossas próprias transigências vergonhosas perante as pressões constrangedoras da vida e, assim como o apóstolo Pedro no pátio depois que traiu Jesus, ansiamos por sair e chorar amargamente.

Existem poucas dessas pessoas notáveis na história, portanto devemos ser gratos ao cristianismo por carregar pelos séculos a recordação de uma delas; mas também devemos reconhecer que, embora sempre tenham existido cristãos heroicos que seguiram os passos de Jesus, a instituição que ostenta seu nome raramente tentou fazê-lo, talvez porque essas instituições saibam intuitivamente que são instrumentos da força. A primeira regra das instituições é a autopreservação, em geral à custa de seu propósito original. Se o propósito original do cristianismo era carregar o espírito de Jesus pela história, então logo caiu na armadilha de usar a maior parte de suas energias para manter a si mesmo e à vida a que se acostumara. Embora inevitável, essa contradição no cristianismo é duplamente trágica, porque sua escritura contém um relato da mais completa inversão da modalidade de força já sonhada pela alma humana. Sua expressão mais lírica encontra-se no Sermão da Montanha, em que Jesus congratula os que o seguem por serem pobres, famintos, aflitos e perseguidos. Há ironia, e até humor negro nisso, mas está presente algo mais profundo que a ironia. Jesus avalia todas as reações convencionais ao poder e as dádivas ambíguas que ele traz e os inverte:

> Ouvistes o que foi dito: Olho por olho, e dente por dente. Eu, porém, vos digo que não resistais ao mal; mas, se qualquer te bater na face direita, oferece-lhe também a outra. (...) Amai a vossos inimigos, bendizei os que vos maldizem, fazei bem aos que vos odeiam, e orai pelos que vos maltratam e vos perseguem.[116]

Vemos essas inversões do rumo da força na crucificação de Jesus, quando ele realiza em ato o que proclamava em palavras. Não resiste aos que o capturam. Em meio ao ódio ruidoso que o cerca, ele fica em silêncio. "Os sumos sacerdotes acusavam-no de muitas coisas. Pilatos perguntou-lhe outra vez: 'Nada respondes? Vê de quantos delitos te acusam!' Mas Jesus nada mais respondeu, de modo que Pilatos ficou admirado."[117] Jesus se recusa a respeitar a força, quer opondo-se a ela, quer sujeitando-se a ela: ele a ignora. Talvez nem seja correto definir como protesto a sua reação, já que o protesto também é um modo de perceber a força. Não, ele despreza sua presença furiosa. Se a força é a gravidade psicológica do mundo feito pelos homens, só podemos concluir que havia uma leveza em Jesus que o tornou refratário ao que reprime outras pessoas. Ele parecia refratário às pressões que dobravam os seres humanos e os transformavam em formas de medo, obediência ou raiva. E, por falar nisso, é estranho contemplar o modo como seus discípulos reagem à leve indiferença de Jesus à pressão da força. O cristianismo hierárquico está prenhe de orgulho do ofício divino e de dignidade da pessoa; está atravancado de deferências cerimoniais; está sobrecarregado de magnificência empolada; coreografado com atenção minuciosa à precedência processional; classificado e organizado como uma colmeia. Não obstante, ali está *ele*, imenso em seu silêncio. Imenso, mas não invulnerável. Embora o silêncio o ampliasse, não conseguiu protegê-lo. A força o esmagou e o deixou de lado.

Não é para se *pensar* a respeito, esse poema-morte de Cristo. Não temos de elaborar teorias sobre ele, embora os padres tenham elaborado milhares delas. É melhor deixar que a ofensa dele nos induza ao silêncio. O silêncio cumprirá sua obrigação, se deixarmos. Ele não se explica. Fica parado, um poema tornado visível. A brutalidade eficaz da crucificação destila, numa única imagem implacável da força, o X que transforma em coisa aqueles que a ela se submetem. E prossegue. Persiste enquanto escrevo este texto; enquanto o leitor o lê. Mas também acontece outra coisa. Sempre existem aqueles poucos em qualquer geração que, tendo avaliado a força, sabem como não respeitá-la, mesmo que sejam esmagados na luta. Observá-los por trás da muralha protetora dos nossos medos pode não nos dar coragem, mas pode partir nosso coração. E isso pode ser o começo. Gente como Jesus, que se recusa com firmeza a compactuar com a força em quaisquer de suas formas, é inimitável. Sua impenetrabilidade às pressões que nos manipulam a todos parece inata, uma virtude original. Podemos temê-los, ser humilhados por eles, mas não há motivo para imitá-los. Poucos de nós somos capazes dessa total abnegação da autoproteção, mas todos estamos capacitados a viver de maneira mais reflexiva, aprender a reconhecer o modo como o mal funciona na comunidade e tentar, antes que seja tarde demais, reparar suas opressões.

No dia seguinte ao assassinato de Robert Kennedy, tomei o trem de Los Angeles, onde ele fora baleado, para Flagstaff, no Arizona. O verão de 1968 foi um episódio turbulento e violento na história dos Estados Unidos. A guerra do Vietnã estava no ápice e o país estava agitado e irado. Assim como todos naquele dia, eu estava pensativo ao olhar pela janela do trem veloz. Peguei o livro que estava no meu colo, *Do zero ao infinito*, de Arthur Koestler. A epígrafe parecia uma dádiva para me acalmar o espírito. Era de Dostoiévski: "Homem, homem, não se pode viver eternamente sem piedade." Se o meu livro contiver uma só mensagem, é esta, embora eu prefira a palavra mais forte empatia, a capacidade de não só sentir *pelos* que sofrem, mas sentir *com* eles. É possível remediar a crueldade conhecida e desconhecida que praticamos contra nós mesmos e contra as outras criaturas com quem compartilhamos nossa breve passagem pela Terra. Não se pode viver sem piedade. Contudo, por mais grandiosa que seja a palavra, não quero que seja a minha última palavra. A minha última palavra tem de ser *gratidão*, gratidão por existir, gratidão pelo *fato de uma esquina*. É uma demonstração de ingratidão e falta de imaginação passar a vida pisando, literal ou metaforicamente, na vida dos outros, ou desdenhando de como eles escolheram viver a própria vida. O mundo é hostil, indescritivelmente cruel. O mundo é bondoso, inacreditavelmente lindo. É uma palavra que pode nos deixar amargos, abomináveis, raivosos, destruidores da alegria. Este mundo pode extrair ternura de nós, quando nos curvamos uns na direção dos outros por cima de portões quebrados. É um mundo de monstros e santos, um mundo mutilado, mas é o único que nos foi dado. Devemos deixar que ele nos fascine não em ódio ou ansiedade, mas em amor incondicional.

Notas

1: Monstro

1. Blake Morrison, *As If*. Londres: Granta Books, 1998, p. 208.
2. Simone Weil, "The Illiad or the Poem of Force", *Simone Weil: An Anthology*. Nova York: Grove Press, 1986, p. 163.
3. Andrea Dworkin, *Intercourse*. Londres: Arrow Books, 1988.
4. Ibid., p. 31 ss.
5. Weil, op. cit., p. 191.
6. Dworkin, op. cit., p. 31 ss.
7. Dylan Thomas, "The Force that Through the Green Fuse Drives the Flower". *The Poems*. Londres: J.M. Dent and Sons, 1974, p. 77.
8. Arthur Schopenhauer, *The World as Will and Representation*. Nova York: Dover Publications, 1966, vol. 2, p. 556.
9. Weil, op. cit., pp. 184-5.
10. Pumla Gobodo-Madikizela, *A Human Being Died that Night*. Londres: Portobello Books, 2006, p. 46.
11. J. Gilligan, Violence: *Our Deadly Epidemic and Its Causes*. Nova York: G.P. Putnam, 1996, p. 106.
12. Philip Zimbardo, *The Lucifer Effect*. Londres: Rider, 2007, p. 5.
13. Ibid, p. x.
14. Friedrich Nietzsche, *On the Genealogy of Morals*, II.6. In: Walter Kaufmann (org.) *The Basic Writings of Nietzsche*. Nova York: The Modern Library, 1992, p. 501.

15. Michel Foucault, *Discipline and Punish: The Birth of the Prison*. Traduzido do francês por Alan Sheridan. Nova York: Vintage Books, 1995, p. 1 ss. [*Vigiar e punir — Nascimento da prisão*. Tradução de Raquel Ramalhete. 29ª edição. Petrópolis: Vozes, 2004].
16. Zimbardo, op. cit., p. 281.
17. Citado em John Gray, *Black Mass*. Londres: Allen Lane, 2007, p. 167.
18. Julia Layton, "What Is Waterboarding?" 31 de outubro de 2006, disponível em http://people.howstuffworks.com/water-boarding.htm.
19. Gray, op. cit., p. 158.
20. Extraído do relato em Zimbardo, op. cit., p. 403.
21. Extraído de Diana Athill, *Stet*. Londres: Granta, 2000, pp. 70-71.
22. Athill, op. cit., p. 75.
23. Hannah Arendt, "Eichmann in Jerusalem". In *The Portable Hannah Arendt*. Londres: Penguin, 2000, p. 379.
24. Gitta Sereny, *Albert Speer*. Macmillan, 1995, p. 719.
25. Weil, op. cit., p. 192.
26. Arendt, op. cit., pp. 378-9.
27. Gobodo-Madikizela, op. cit., pp. 98-9.
28. Arendt, op. cit., p. 375.

2: Piedade

29. Victoria Glendinning, *Leonard Woolf*. Londres: Simon and Schuster, 2006, p. 31.
30. 'At the Burial of the Dead'. Cf. *The Scottish Book of Common Prayer*. Edimburgo: Cambridge University Press, 1929.
31. Primeira epístola de Paulo aos coríntios, 15,26.
32. Loren Eiseley, *The Immense Journey*. Nova York: Vintage Books, 1959, p. 173 ss.
33. Carta a J.D. Hooker, 13 de julho de 1856, Darwin Archives, Cambridge University Library.
34. Benedict Allen, *Into the Abyss*. Londres: Faber and Faber, 2006, p. 252.
35. John Berger, *About Looking*. Nova York: Vintage Books, 1991, p. 7.
36. Berger, op. cit., p. 3.
37. Danielle Nierenberg, 'Factory Farming in the Developing World', disponível em http://www.worldwatch.org/pubs/mag/2003/163 (publicado na *Worldwatch Magazine*, maio/junho de 2003, vol. 16, n. 3).

38. Robert Crawford, 'The Bad Shepherd'. In *Selected Poems*. Londres: Jonathan Cape, 2005, p. 99.
39. Claudia Tarry, 'Stuffed! The Terrible Truth about Turkeys', disponível em http://www.viva.org.uk/campaigns/turkeys/turkeyscompanyinfo.htm.
40. Gênesis 1,26.
41. Robert Pogue Harrison, *The Dominion of the Dead*. Chicago: University of Chicago Press, 2003, p. 8.
42. Gênesis 3,1.
43. Gênesis 1,29.
44. Gênesis 6,5-6.
45. Friedrich Nietzsche, *The Birth of Tragedy*. Londres: Penguin Classics, 1993, p. 53.
46. Gênesis 1,3-4.
47. Gênesis 1,26-27.
48. Robert Hughes, *Things I Didn't Know*. Londres: Harvill Secker, 2006, p. 291.

3: Alma

49. William Shakespeare, *Rei Lear*, V. iii. 323.
50. Harrison, op. cit., p. 136.
51. Ibid., p. 137.
52. *Inferno* de Dante, 3.55-7.
53. Ibid., p. xi, 21.
54. Robert Alter, *The Five Books of Moses*. Nova York e Londres: Norton, 2004, p. 21.
55. Virginia Woolf, *The Waves*. Londres: Penguin Classics, 2000, pp. 114-15. [*As ondas*. Tradução: Lucília Rodrigues, 2002 BIBLIotex, S.L., Promoway Portugal Comércio de Produtos Multimédia, Ltda. pp. 112-13.]
56. 'At the Burial of the Dead'. Cf. *The Scottish Book of Common Prayer*. Edimburgo: Cambridge University Press, 1929, p. 458.
57. Sigmund Freud, *Beyond the Pleasure Principle and Other Writings*. Londres: Penguin Books, 2003, p. 78.
58. Mateus 10,28.

59. Friedrich Nietzsche, *Human, All Too Human [5]*, in *The Portable Nietzsche*. Tradução: Walter Kaufmann, Londres: Penguin Books, 1976, p. 52.
60. Isaías 38,18.
61. I Coríntios 15,35-8; 42-4.
62. William Shakespeare, *Hamlet*. III. iii. 76-98. [Tradução de Millôr Fernandes, Lp&M Pocket, III.iii. 80-81.]
63. Robert Funk e Roy Hoover, *The Five Gospels*. Nova York: Scribner, 1993, p. 361.
64. Lucas 18,25.
65. Lucas 16,19-26.
66. *Sagrado Alcorão*, tradução: Samir El-Hayek. Centro Cultural Beneficente Islâmico de Foz do Iguaçu. (http://www.islam.com.br/quoran/traducao/index.htm).
67. Berger, op. cit., pp. 11 e 13.

4: Sofrimento

68. Auden, 'Musée des Beaux Arts', in *Collected Poems*. Londres: Faber and Faber, 1976, p. 146.
69. W.H. Auden, 'Funeral Blues', ibid., p. 120.
70. Do bispo Butler a John Wesley, in John Wesley, *Works*, xiii, p. 449.
71. Jó 40,2.
72. Ryszard Kapuściński, *Travels with Herodotus*. Londres: Allen Lane, 2007, p. 226.
73. Friedrich Nietzsche, *A gaia ciência*, tr. Alfredo Margarido, Lisboa: Guimarães & Cia Editores, 1977.
74. Richard Rorty, *Philosophy and Social Hope*. Londres: Penguin, 1999, p. 208.
75. Stephen Vincent Benét, *John Brown's Body*. Nova York: Rinehart and Company, 1928, p. 336.

5: Comédia

76. W. H. Auden, 'In Memory of W.B. Yeats' in *Collected Poems*. Londres: Faber and Faber, 1976, p. 197.

77. Daniel Albright, notas sobre Yeats em W.B. Yeats, *The Poems*, org. Daniel Albright. Londres: Everyman's Library, 1990, p. 844.
78. Yeats, 'Crazy Jane Talks with the Bishop', op. cit., p. 309.
79. Lewis Hyde, *The Gift: Imagination and the Erotic Life of Property*. Nova York: Vintage Books, 1983, p. 193.
80. Marcos 15,31.
81. Tennessee Williams, *Cat on a Hot Tin Roof and Other Plays*. Londres: Penguin, 1976, p. 7.
82. Ibid., pp. 317-18.
83. Ibid., p. 308.
84. Ibid., p. 304.
85. Margaret Drabble, resenha de *The Power of Delight*, de John Bayley, *New Statesman*, 16 de maio de 2005.
86. A.E. Housman, IX, de *Last Poems in Poetry and Prose: A Selection*. Londres: Hutchinson Educational, 1972, p. 117.
87. Alan Hollinghurst, *The Line of Beauty*. Londres: Picador, 2004, p. 500.
88. Lucas 22,61-2.
89. George Mackay Brown, 'Song for St Andrew's Day' in *The Collected Poems*, Londres: John Murray, 2005, p. 387.
90. João 21,15-17.
91. Percy Bysshe Shelley, in: Helen Gradner (org.) *The New Oxford Book of English Verse*, 1250-1950. Oxford: Clarendon Press, 1972, p. 580.
92. Cyril Connolly, *The Unquiet Grave*. Londres: Hamish Hamilton, 1945, p. 25.
93. Iris Murdoch, *The Sovereignty of Good*. Londres: Arc, 1985, p. 59.
94. Marcel Proust, *The Captive*, tradução de C.K. Scott Moncrieff. Londres: Chatto and Windus, 1960, vol. 1, pp. 249-50. A versão citada é traduzida por Richard Davenport-Hines, em *A Night at the Majestic*, Londres: Faber e Faber, 2006, p. 310.
95. Últimas palavras de Kurtz a Marlow em *Heart of Darkness* de Joseph Conrad.
96. Iain Crichton Smith, 'She Teaches Lear' e 'Old Woman' em *Selected Poems*, Manchester: Carcanet Press, 1985, pp. 52 e 18.
97. Joseph Meeker, *The Comedy of Survival: Literary Ecology and a Play Ethic*. Tucson: University of Arizona Press, 1997, p. 20.
98. Richard Mabey, *Nature Cure*, Londres: Pimlico, 2006, p. 199.

6: Santo

99. Osip Mandelstam, 'Stalin Epigram' in Nadezhda Mandelstam, *Hope Against Hope*, tradução de Max Hayward. Londres: Collins Harvill, 1989, p. 13.
100. Dworkin, op. cit., p. 48.
101. Ibid., p. 51.
102. Ibid., p. 53 ss.
103. Ibid., 42.
104. Ibid., pp. 43 e 47.
105. Immanuel Kant in 'The Philosophy of Kant: Immanuel Kant Moral and Political Writings'. In: Carl Friedrich (org.) *Foundations of the Metaphysics of Morals*, Nova York: The Modern Library, 1993, p. 200.
106. Ver Taylor Branch, *Parting of the Waters*. Nova York: Simon and Schuster, 1988; e Morton Halperin, Jerry Berman, Robert Borosage e Christine Marwick, *The Lawless State*. Nova York: Penguin Books, 1976.
107. Dworkin, op. cit., p. 189.
108. Loc. cit.
109. Virginia Woolf, *A Room of One's Own*. Londres: Penguin Classics, 2000, p. 31.
110. Gobodo-Madikizela, op. cit., p. 118.
111. Ibid., p. 119.
112. Loc. cit.
113. Weil, op. cit., pp. 1-2.
114. John Richardson, *Sacred Monsters, Sacred Masters*. Londres: Pimlico, 2002, p. 257.
115. Victoria Glendinning, *Leonard Woolf*. Londres: Simon and Schuster, 2006, p. 36.
116. Mateus 5,38-39,44.
117. Marcos 15,3-5.

Permissões

Várias editoras e espólios nos deram sua generosa permissão para usar trechos das seguintes obras com direitos autorais:

Michel Foucault, *Discipline and Punish: The Birth of the Prison*, tradução de Alan Sheridan, com o título original *Surveiller et punir: Naissance de la prison*, Editions Gallimard, 1975, Allen Lane, 1975, copyright Alan Sheridan, 1977.

Eleanor Wilner, 'Reading the Bible Backwards' de *Reversing the Spell: New and Selected Poems*, Copper Canyon Press, Port Townsend, 1997.

W.H. Auden, 'Musée des Beaux-Arts', de *Collected Poems*, Faber, Londres, 1976.

W.B.Yeats, 'Crazy Jane Talks to the Bishop', reproduzido com permissão de A.P Watt, em nome de Gráinne Yeats.

A "Authorised King James Version of the Bible", reproduzida com permissão do Lord Advocate's Office e do Scottish Bible Board.

Bibliografia

Alcorão, tradução de J. M. Rodwell, Everyman's Library, J. M. Dent, Londres, 1909
Allen, Benedict, *Into the Abyss*. Londres: Faber e Faber, 2006.
Alter, Robert, *The Five Books of Moses*. Nova York/Londres: Norton, 2004.
Arendt, Hannah, *Eichmann in Jerusalem: A Report on the Banality of Evil*. Londres: Penguin, 1963.
Athill, Diana, *Stet*. Londres: Granta, 2000.
Auden, W.H., *Collected Poems*. Londres: Faber and Faber, 1976.
Benét, Stephen Vincent, *John Brown's Body*. Nova York: Doubleday, Doran & Co., 1928.
Berger, John, *About Looking*. Nova York: Vintage Books, 1991.
Branch, Taylor, *Parting of the Waters*. Nova York: Simon and Schuster, 1988.
Brown, George Mackay, *The Collected Poems*. Londres: John Murray, 2005.
Connolly, Cyril, *The Unquiet Grave*. Londres: Hamish Hamilton Library, 1945.
Crawford, Robert, *Selected Poems*. Londres: Jonathan Cape, 2005.
Darwin, Charles, carta a J.D. Hooker, 13 de julho de 1856, Darwin Archives, Cambridge University Library.
Davenport-Hines, Richard, *A Night at the Majestic*. Londres: Faber and Faber, 2006.

Diski, Jenny, *After These Things*, Londres: Little, Brown. 2004.
Dworkin, Andrea, *Intercourse*. Londres: Arrow Books, 1988.
Eiseley, Loren, *The Immense Journey*. Nova York: Vintage Books, 1959.
Foucault, Michel, *Discipline and Punish: The Birth of the Prison*, traduzido do francês por Alan Sheridan. Nova York: Vintage Books, 1995.
Freud, Sigmund, *Beyond the Pleasure Principle and Other Writings*. Londres: Penguin Books, 2003.
Friedrich, Carl (org.) *The Philosophy of Kant: Immanuel Kant's Moral and Political Writings*. Nova York: The Modern Library, 1993.
Funk, Robert e Hoover, Roy, *The Five Gospels*. Nova York: Scribner, 1993.
Gilligan, J., Violence: *Our Deadly Epidemic and its Causes*. Nova York: G.P. Putnam, 1996.
Glendinning, Victoria, *Leonard Woolf*. Londres: Simon and Schuster, 2006.
Gobodo-Madikizela, Pumla, *A Human Being Died that Night*. Londres: Portobello Books, 2006.
Gray, John, *Black Mass*. Londres: Allen Lane, 2007.
Halperin, Morton, Jerry Berman, Robert Borosage, Christine Marwick, *The Lawless State*. Nova York: Penguin Books, 1976.
Harrison, Robert Pogue, *The Dominion of the Dead*. Chicago: University of Chicago Press, 2003.
Hollinghurst, Alan, *The Line of Beauty*. Londres: Picador, 2004.
Houseman, A.E., *Last Poems in Poetry and Prose: A Selection*. Londres: Hutchinson Educational, 1972.
Hughes, Robert, *Things I Didn't Know*. Londres: Harvill Secker, 2006.
Hyde, Lewis, *The Gift: How the Creative Spirit Transforms the World*. Edimburgo: Canongate Books, 2006.
Kapuściński, Ryszard, *Travels with Herodotus*. Londres: Allan Lane, 2007.
Layton, Julia, 'What is Waterboarding?' 31 de outubro de 2006 disponível em http://people.howstuffworks.com/water-boarding.htm
Mabey, Richard, *Nature Cure*. Londres: Pimlico, 2006.

Mandelstam, Nadezhda, *Hope Against Hope*, tradução de Max Hayward. Londres: Collins Harvill, 1989.

Meeker, Joseph, *The Comedy of Survival: Literary Ecology and a Play Ethic*. Tucson: University of Arizona Press, 1997.

Morrison, Blake, *As If*. Londres: Granta Books, 1998.

Murdoch, Iris, *The Sovereignty of Good*. Londres: Arc, 1985.

Nierenberg, Danielle, 'Stuffed! The Terrible Truth about Turkeys', disponível em http://www.viva.org.uk/campaigns/turkeys/turkeys-companyinfo.htm; 'Factory Farming in the Developing World', http://www.worldwatch.org/pubs/mag/2003/163, *World Watch Magazine*, maio/junho, 2003.

Kaufmann, Walter (org.), *On the Genealogy of Morals. The Basic Writings of Nietzsche*, Nova York: The Modern Library, 1992.

─── *The Birth of Tragedy*. Londres: Penguin Classics, 1993.

─── *Human, All Too Human: A Book for Free Spirits*. In: Kaufmann, Walter (org.) *The Portable Nietzsche*. Londres: Penguin Books, 1976.

─── *The Gay Science*, tradução de Walter Kaufmann. Nova York: Vintage Books, 1974.

Proust, Marcel, *The Captive*, vol. 1. Londres: Chatto and Windus, 1960.

Richardson, John, *Sacred Monsters*, Sacred Masters. Londres: Pimlico, 2002.

Rorty, Richard, *Philosophy and Social Hope*. Londres: Penguin, 1999.

Schopenhauer, Arthur, *The World as Will and Representation*, vol. 2. Nova York: Dover Publications, 1966.

The Scottish Book of Common Prayer. Edimburgo: Cambridge University Press, 1929.

Shelley, Percy Bysshe, *The New Oxford Book of English Verse, 1250-1950*, org. Gardener, Helen.

Smith, Iain Crichton, *Selected Poems*. Manchester: Carcanet Press, 1985.

Sereny, Gitta, *Albert Speer*. Macmillan, 1995.

Tarry, Claudia, 'Stuffed! The Terrible Truth about Turkeys', disponível em http://wwwviva.org.uk/campaigns/turkeys/turkeys-companyinfo.htm

Thomas, Dylan, *The Poems*. Londres: J.M. Dent and Sons, 1974.
Weil, Simone, *An Anthology*. Nova York: Grove Press, 1986.
Williams, Tennessee, *Cat on a Hot Tin Roof and Other Plays*. Londres: Penguin, 1976.
Woolf, Virginia, *The Waves*. Londres: Penguin Classics, 2000.
_____ *A Room of One's Own*. Londres: Penguin Classics, 2000.
Yeats, W. B., *The Poems*. Daniel Albright (org.) Londres: Everyman's Library, 1992.
Zimbardo, Philip, *The Lucifer Effect*. Londres: Rider, 2007.

Índice remissivo

A Bíblia 44
    forte, religião do 116-117, 127, 134, 139
    Hebraica, Bíblia 107, 123
    Queda (e Expulsão), mito da 155-161, 164-165, 167
    rei James, versão 88, 94
    Retorno, mito do 160-164, 167
A dádiva: como o espírito criativo transforma o mundo (Hyde, L.) 128
A gaia ciência (Nietzsche, F.) 133-134
A Human Being Died That Night (Gobodo-Madikizela, P.) 33
A Ilíada (Homero) 25-26, 28-29
A noite da iguana (Williams, T.) 152-154
abate de animais 65-69
Abe, Kobo 27
abnegação 174
aborto 97, 124
Abraão 100, 146-149
absolutismo 106

absoluto, poder 72, 132
Abu Ghraib 42-43
aflição 77, 82, 84-85
    animais, luto e tristeza dos 62-63
    interiorização da realidade da perda 88-89
    sofrimento e 111-113
    tristeza e responsabilidade na 59-62
África do Sul
    apartheid na 33-34
    Comissão da Verdade e da Reconciliação 33, 52, 187-188
After these Things (Diski, J.) 148
agressão 33-34, 42-43, 190
agropecuária industrial 66-71
aids, pandemia 124
Albright, Daniel 201n77
Alcorão 100-102, 118
Alighieri, Dante 87-88
alimentos da moda 147
Allen, Benedict 63-64

alma
  alma imortal, ideia de 104-106
  com alma 107
  como um todo animado, corpo
  conceito de 90-93
  concepção e a alma eterna 96-97
  consciência de si e 91-93
  corpo e, diferenciação de 92-94
  corpo e, separação de 93-94
  despertar da 98
  destino dos condenados ao inferno 99
  direitos humanos, inalienabilidade dos 104-106
  espírito dentro da máquina 92
  essência interna 91
  invenção de, consequências para outras criaturas 103-104
  inversão do destino 99-101
  materialismo cético e conceito de 102-105
  posse de 106-107
  preexistência de 94-95
  ressurreição 96-98
  sonhos, sonhar e os 93-95
  transmigração das almas 94-95
  vida após a morte 94-95, 106
al-Qaeda 42
Alter, Robert 199n54
amende honorable (retratação pública) 35-40
América do Norte, guetos da 132
América Latina 132
amor incondicional 156-157, 172, 196
anima 91-92
animais
  agropecuária 65-69
  bichos de estimação, relações humanas com, 59-61
  comunicação, sistemas de, 78
  criação de animais, relações humanas com, 65-71
  desinteresse pela vida interior dos, 80
  domínio sobre 72-74
  individualidade e status existencial dos 78-80
  luto e tristeza dos 61-63
  superpopulação de 68
apetites carnais 173
Apolíneo 131
Arendt, Hannah 47, 51, 53, 188
Argel 109
Argélia 41
arrependimento 71, 184-186, 188
  "performance de" 53-54
arte
  artistas e distinção
  comédia e tragédia na, 166-169
  criatividade na 166-169
  entre 143-144
  literatura e comédia trágica da vida 155
  mito, imaginação e percepção em 154-156, 165-166, 169
  natureza duradoura da, 164-165
  piedade e 163
  religião como obra de, 136

sabedoria espiritual na 163
  ser, reações a 165
  tensão criadora, 164-165
  utilidade da 23
  valor da 145-146
As Bacantes (Eurípides) 132
As ondas (Woolf, V.) 89-90
ascetismo 172-174
Athill, Diana 46
Auden, W.H., 23, 35, 112-114, 149
autocomiseração 156
autocontrole, aceitação da falta de 173
autoexame, autoconhecimento e 183, 186
automultiplicação 30-31
autonomia e força pessoal 46

Baudelaire, Charles 165
  reações ao 165-169
  ser existência, mistério da 88-92
Benét, Stephen Vincent 140
Berger, John 66-67, 103-104
Berman, Jerry 202n106
bichos de estimação, relações humanas com 62, 66-67
Big Bang 29, 120
bispos africanos, revolta dos 182-184
blasfêmia, conceito de,145
Book of Common Prayer 61, 90, 198n30, 199n56
Borosage, Robert 202n106
Boston, Massachusetts., 58-59
Branch, Taylor 202n106
Brown, George Mackay 160-161

Browning, Robert 143
BSE (encefalopatia espongiforme bovina) 69
Buda 109
budismo 95, 108-109
  reencarnação, doutrina da 109-110
Bulger, James 23
burca, uso da, 118
Bush, presidente George W. 42

caça 66
Calcutá 132
calendário litúrgico 171
Callow, Simon 112
Camboja 41
Campbell, castelo 36
Canadá 66
caos, medo do 76-77
capacidades defensivas 72
capitalismo
  capitalismo empresarial, 67
  capitalismo global de mercado 119
Capone, Al 122
caráter, formação do 186
carismáticos, monstros 55
Carrington, Dora 83, 85
Casanova, Giacomo 36
catolicismo 95-98, 131, 181
céu 96, 98-99, 100, 106, 138, 158, 166
  crença no 107-108
Cézanne, Paul 165
Chechênia 41
Cheney, vice-presidente Richard B 'Dick' 40, 43

"civilização" 31
CJD (doença de Creutzfeldt-Jakob) 69
coletiva, consciência 124
comédia e tragédia na arte, 167-169
compaixão 108, 154
  compaixão ativa, prática da 133
  concepção e a alma eterna 96-97
  confusão da 125-126
Connolly, Cyril 165
Conrad, Joseph 201n95
consciência
consciência coletiva 124
contingente, existência 120
coragem
  dos santos 54-56
  e sofrimento 177-180
  empresarial, capitalismo 67
  livre-arbítrio e 54
  mistério da 102-103
  o eu transcendente e a 92
compaixão ativa, prática da, 133
comportamento adaptativo, 128-129, 159-160
comportamento monstruoso, adaptação humana ao, 68, 71
Comunhão Anglicana, 129, 182
consciência de si e alma 92
corpo e alma
  como um todo animado 107
  diferenciação de 92-93
  separação de 93-94
Crawford, Robert 69, 199n38
cremação 98
criação de animais 66-69

criacionismo 118-119
Criador e Salvador 90
criatividade
  na arte 150-154
  tensão criadora 164-165
Crick, Francis H.C. 30
cristianismo 48, 88, 95-98
  direita cristã, evangelismo da 100, 119
  hierárquico, cristianismo 194
  redenção, mito da 15-17
  tradição teológica do 91
crueldade 33-39
  com os animais 65-69, 78
  crueldade pública 35-39
  humanidade e 138-140
crueldade da natureza 63-64, 73, 145
cultura
  ausência de perdão na cultura comum 167
  cultura equestre dos índios das planícies 66
  cultura muçulmana 42
  cultura secular 117, 135
  historiadores da 147
  religião e fé tradicional 118
  religião fraca e 128-129
  sexualização da 77

Damiens, Robert-François 36-39
Dante Alighieri 87
Darwin, Charles 63, 145
de Kock, Eugene 33-34, 46
degradação das 13-14, 24-25, 26-27
  domínio tradicional dos homens sobre as 183-184

emancipação das 129
pensamento feminista, transformação por meio do 189
reificação sexual das 25-26
democracia liberal 160
Descartes, René 104-106
Deus
   a Natureza e o quebra-cabeça de 107-108
   Causa sem Causa e 108
   Criador e Salvador 90
   e maldade do homem 75
   existência de 92
   fé em 127
   "Haja luz" 76
   homem à imagem de 72, 78
   morte de, proclamação da 134
   natureza superlativa de 119-122
   "personagem mais forte da ficção mundial" 136
   poder de ataque de 124
   rejeição freudiana de 136
   religião fraca e imagem de 132
   responsabilidade pelo sofrimento 125-127
   revelação e 115-116
   separador, papel de separar a ordem do caos 76
   singularidade filosófica 120
diálogo, cura por meio de, 187-188
Dionisíaco 131
direitos dos gays 124, 129
direitos humanos, inalienabilidade dos 104-105
disciplina militar 43

Diski, Jenny 148
DNA (ácido desoxirribonucleico) 30, 44
Do zero ao infinito (Koestler, A.) 195
Doença de Creutzfeldt-Jakob ver CJD
domínio da força 49, 174
Dostoievski, Fyodor M. 190-191, 195
Drabble, Margaret 155
Dworkin, Andrea 26-29, 177-183, 189

Edimburgo 60, 71, 84
Egito, êxodo do 160
Eichmann, O. Adolf 47, 48, 51, 53
Eiseley, Loren 62-63, 65
Elgar, Edward 103
empatia 185, 195
   capacidade dos santos de 189-190
   dom da 49-50
   piedade e 48
encefalopatia espongiforme bovina ver BSE
enterro dos mortos 88, 90
esperança na vida 136-137
espiritualismo 83-86
Estados Unidos 40-41
   atrocidade do 11 de Setembro nos 124-125
   caça ao bisão, organização da 66
   cultura equestre dos índios das planícies 65-66
   fundamentalismo cristão nos 124
   inverno na Nova Inglaterra 59
   sistema jurídico dos 51-53

sistemas jurídicos dos EUA e do Reino Unido 52-53
estigma e sofrimento 176-180
estigma e 176-180
  instante eterno de 112
  pensar no 113-114
  religião forte e 116-117, 127, 134, 139
  religião fraca e 127-130, 134-135
  "teodiceia" e 121
  tradicionalismo e 118-119
eu tripartido, mito freudiano do 77
eu
  autonomia do 103
  bifurcação do 94
  eu tripartido, mito freudiano do 77
  ignorância da dinâmica interna 157
Eurípedes 132
excesso, repressão neurótica e 131
execução 15-18

Fallujah 54
Falwell, Jerry 124
fé em Deus 123, 127
  autoridade institucional e 44
  contexto religioso da 44-45
  sinceridade radical sobre nós mesmos 56
  verdade e inocência dos santos 190-191
fé
  e sofrimento 119-121
  teste da 148-150

febre aftosa 69
força situacional 34, 45, 55
força
  autonomia pessoal e 46
  compulsão da 25, 27
  da vida (e formas de vida) 30-31
  Deus, o poder supremo (força X) 25, 28, 45, 122, 148, 194
  disciplina militar 43
  do espírito humano, sujeição à 28
  do sexo 26-28
  domínio da 49, 174
  domínio masculino, direito, autoridade e 26
força situacional 33-35, 45-46, 55
fortuna, necessidade e 50
heterossexualidade masculina, força da 25-26
implacável da 27-29
impulso gravitacional do rebanho humano 55
impulso reprodutivo 31
indiferença dos santos à 189, 191
natureza da, força impessoal e obediência, poder da 39-40, 42-43, 45-48
qualidade petrificadora da 31, 34
reação aos males da 188-189
reificação e 25, 92-93, 118, 176, 180, 189
universo, impulso gravitacional do 28-29
violência e 28
forças armadas, necessidade de, 50
forte, religião 116-117, 127, 134, 139

Foucault, Michel 198n15
Freud, Sigmund 77, 92, 130-132, 136
fundamentalismo 119, 124, 182
Funk, Robert 200n63

Galilei, Galileu 44
Gata em teto de zinco quente (Williams, T.) 151-152
Gauguin, Paul 80, 86
Genealogia da moral (Nietzsche, F.) 35
Gênesis, Livro do 146
   Mito da Criação no 72-74, 75-79, 88, 92, 108
   separação de luz e trevas no 75
genocídio 39-40, 45-49, 71
Gilligan, James 32
Glendinning, Victoria 191
Gobodo-Madikizela, Pumla 33, 52, 187
Goethe, Johann Wolfgang von 165
graça 151
granjas industriais 69-71
gratidão 195
gravidez sem fecundação 117
Gray, Alasdair 136
Gray, John 41
Greene, Graham 151
grega, ortodoxia 97
Greig, David 132
Greyfriars Bobby 62
gripe aviária 70
Grotius, Hugo 51
Guerra do Vietnã 87, 167, 195-196

Hades 94
hagiografia 171
hagios 174
Halperin, Morton 202n106
Hamlet (Shakespeare, W.) 98-99
Hannah, John 112
Harrison, Robert Pogue 72, 87
hebraica, Bíblia 107, 123
Hepburn, Audrey 106
heterossexualidade 25-26
hinduísmo 95
   carma, lei hindu do 109
Hipócrates 162
Hitler, Adolf 48-49, 126, 173
Hollinghurst, Alan 156-157, 173
Holocausto 121, 187
homem-bomba 104
homenagem aos mortos 86-87
Homero 25, 165
homofobia 130
homossexualidade 1182-184
Hoover, Roy 200n63
Housman, A.E. 201n86
Hughes, Robert 79, 199n48
Human Rights Watch 42-43
Humanidade
   e a bondade na vida 31-32
   e o mal 32
humilhação 33
Hyde, Lewis 150, 154-155

identidade 33
   I-identidade e ego 93-94
   mistério da 105
   morte e, mito da 105

identificação com a dor alheia 50, 177
identificação projetiva 50
ideomotor, efeito 84-85
igualdade sexual 78
iliberalidade 129
imaginação 145-146, 147-150
 religião quando produto da imaginação humana 148-150
 sonhos e pesadelos da 14-15
imortalidade
 alma imortal, ideia de, 104-106
 na morte 80
Império Romano, 98
impulso reprodutor 31
inanimada, matéria 30
incapacidade emocional 49-50
incerteza 85, 102, 110, 126-130
Indonésia 124
infância, trauma de 32-34
inferno 93, 94, 95, 99-101, 108, 159
 destino dos condenados no 99
Intercourse (Dworkin, A.) 26-27
interinidade 127-128
interiorização da realidade da perda 89-90
interpretação de textos 115-116
Into That Darkness (Sereny, G.) 45
Iraque, Guerra do 41-43, 54
Isaac 146-149
Islã 95, 97, 100-102, 108, 118-119, 124, 131, 146
 califado universal, pedido de 119
 conservadorismo no 78
Israel 47-48
italiana, inquisição 41

Jacó 146
Jesus Cristo 100, 137, 151, 157, 160-162, 185
 crucificação de 133, 160, 193
 e a instituição do cristianismo 165-9 190-195
Jó, livro de 123
John Brown's Body (Benét, S.V.) 140-141
judaísmo 97, 146, 174
 hebraicas, ideias 76, 88-89, 94-96, 106, 107, 156, 160-161
Juízo Final 95, 98
justiça restauradora 54
justiça
 aspecto restaurador da 52
 finalidade da 52
 justiça rústica na natureza 65
 necessidade de um sistema de 50
 objetividade na 50
 retórica performática da 51
 sistemas britânico e americano de, 51-52
 vítimas, necessidades das, 51-52

Kant, Immanuel 104-105, 180, 202n105
Kapuściński, Ryszard 131
Kennedy, Robert 195
Khmer Vermelho 41
King, Martin Luther 5, 180, 189
Koestler, Arthur 31

Larkin, Philip 155
Layton, Julia 41

Lázaro 99-100
Lear, Edward 85-86
Leopardi, Giacomo 165
literatura e comédia trágica da vida 155-156
livre-arbítrio
  consciência e 54
  perspectiva sobre o mal 31-33, 46
livre-arbítrio, 32 -33, 46, 54, 125
Lucas, Evangelho de 99, 158
Luís XV da França 36

Mabey, Richard 1168-169
Mal
  Auden sobre o 23
  cumplicidade no 33-40, 44-48
  da força, reagir ao 188-189
  definição de Zimbardo 34
  humanidade e 32
  livre-arbítrio e perspectiva sobre o 32-33, 46
  luta contra o 54
  magnetismo da vilania 56-57
  mistério do 52-54
  origem do 32-33
  perspectiva situacional a respeito do 32
  reação ao 50-52
maldade do homem 74-75
Mandelstam, Nadezhda 202n99
Mandelstam, Osip 174-176
Manifesto Comunista (Marx, K. e Engels, F.) 136-137
Mao Tsé-tung 126
Marwick, Christine 202n106

Marx, Karl 135-137
marxismo 119
materialismo cético 102-103, 105
materialismo funcional 103
matrimônio 88
Matthews, Bernard 70
Meeker, professor Joseph 167-168
memória 23-24, 55
  tristeza na 58-59
mente, bifurcação da 147
metáfora, poder de criação da 75
metanoia 185-186
metempsicose 95
México 55
milagres 171
Milgram, Stanley 39-40
Miłosz, Czesław 7
misoginia 130
mito
  e passado não lembrado, perda do sentimento pelo 74-76
  imaginação e 79-80
  morte e identidade, mito de 105
  Queda (e Expulsão), mito da 154-160, 163-164, 166
  Retorno, mito do 160-164, 167
modernidade, desprezo pela 130
Moisés 146
Morrison, Blake 23-25
morte 72
  "árvore insaciável" da 89
  de Deus, proclamação da 133-134
  destino dos mortos, fascínio pelo 85-86
  e identidade, mito da 105

enterro dos mortos 88, 90
existência, mistério da, e 92
imortalidade na 106
internalização da realidade da perda 90-91
luto e tristeza de animais 61-63
memorialização dos mortos 86-87
natureza definitiva da 88
necrópole de Glasgow 86
no meio da vida 61-63
"objetivo de todas as vidas" 92
preocupação com os mortos 87-88
ritual na 88-91
vício humano da escravidão e recusa humana de admitir a finitude da 90-92
Muckhart Mill, Clackmannanshire 57-58
Mugabe, Robert 181-182
mulheres
mundo, natureza "artificial" do 189
Murdoch, Iris 201n93

natureza
  autonomia sobre 103
  crueldade da 62-64, 71, 146
  distúrbio da ordem da 72-73
  equilíbrio e equidade da, resistência humana a 73-75
  estado pré-animado na 92
  humanos e, guerra entre 31
  impessoal e implacável da, força 27-29
  justiça rústica na 65
  matar, natureza intrínseca de 64
  predadores na 66-67
  reciprocidade trágica da 74
  redenção da 72-74
  supernaturalistas 107
navalha de Occam 84
nazista, Alemanha 40, 43, 45, 46-47
Ncube, arcebispo Pius, 181,189
necessidade sexual, sofrimento e 176- 182
necrópole de Glasgow 86
neoateísmo 139
nephesh 91
neurociências 102
Newell, Mike 112
Nierenberg, Danielle 68
Nietzsche, Friedrich 35, 50-51, 75, 94, 111, 131, 133-134, 190
Novo Testamento 99, 157, 160, 174, 185

O anticristo (Nietzsche, F.) 190
O caçador de androides (filme de Ridley Scott) 103
O poder e a glória, (Greene, G.) 151
obediência, poder da 39-40, 42-43, 45-48
obesidade 69
obscurantismo 130
Ochil Hills 58
origens
  da religião, natureza ambígua da 145-150
  do mal 32-33
"Ozymandias of Egypt" (Shelley, P.B.) 163

ÍNDICE REMISSIVO

Pascal, Blaise 165
"patripassianismo" 133
pecuária 66-71
pedido de desculpas 52
percepção na arte 154-155, 164-165, 169
perdão 159, 161-162, 187-189
perdoar a si mesmo 158-159
piedade 120, 163, 185, 195
   arte e 162-163
   autocomiseração 157
   capacidade para a 163
   empatia e 48
   ver também animais; luto; crueldade; morte; natureza
piedade na juventude 171-172
Píndaro 94
Platão (e ideias platônicas) 95-97, 189
pó animado, mito do 105
poder
   dominação pelos poderosos 185
   efeito corruptor do 159
   natureza hipnótica do 174
   ver também força
"Poema da Força" (Weil, S.) 25
Pôncio Pilatos 164, 193
pós-religião 135-138
predadores na natureza 63-64
prisão, uso da 53
produção de alimentos 66-71
produção de perus 70-71
promiscuidade 177
protestantismo 77, 131
Proust, Marcel 165
psicanálise 128-132

psicodinâmica 32
psicologia 34-35, 39, 41, 84, 106-107, 126, 158-9, 165, 168
psicoterapia 132
psique humana, profundezas da 76
psyche 91-92
punição
   natureza da 51-53
   necessidade de 35
   origem da 50-51
   ou pecado, sofrimento como 122
   regimes americano e britânico de 53

qualidade petrificadora da força 31, 34
Quatro casamentos e um funeral (filme de Mike Newell) 112
Queda (e Expulsão), mito da 155-160, 163-164, 166
Quênia 41

"Reading the Bible Backwards" (Wilner, E.) 72-73
reconciliação 168, 188-189
   justiça e 188
redenção 151, 155-156
   da natureza 72-73
   psicologia do redentor 190
reificação 26, 92-93, 118, 176, 179, 189
religião 87-88
   alma, corpo e 93
   antropologia religiosa 92
   códigos de divisão e separação na 76-78

como construto humano 135-136
como obra de arte 136
como produto da imaginação humana 127-8
consciência religiosa, ausência de 138-140
conservadorismo na, ressurgimento do 77
corrupção, tradição religiosa e fruto da 144-145
escatologias da religião organizada 110
fanatismo religioso 105
função explanatória da 166-167
fundamentos da 146-150
instituições, evolução da 76-77
interpretação teológica 147-149
origens da, natureza ambígua das 145-150, 151
"patripassianismo" 133
poder imprevisível da 148-149
pós-religião 135-137
reações às tensões da condição humana 155-156
religião adaptativa 131-132
religião fraca 127-130, 124-125
religião primitiva 121
resistência às normas contemporâneas 117-119
respeito pela 137-139
ser, reações ao ser 142-3
sofrimento e 112-113
sofrimento, questão apresentada pelo 112-113
teologia 115-116
"teologia clínica" 132
tradição na 118-119
valor da 145-146
violência e 139-141
religião adaptativa, 132
religião fraca 127-130, 134-135
 e imagem de Deus 132-133
religião fraca e prática de 130-132
religião primitiva 121
responsabilidade pessoal, supremacia da 34
ressurreição 97-98
retórica performática da justiça 52-53
Retorno, mito do 160-164, 167
Richardson, John 190
Rilke, Rainer Maria 165
ritual na morte 88-91
Robespierre, Maximilien 163
romano, catolicismo, ver catolicismo
Rorty, Richard 136
Rumsfeld, Donald 43
Rússia 41

sabedoria espiritual na arte 165
Sacred Monsters, Sacred Masters (Richardson, J.) 190
Salmo 37 123
santos
 coragem dos 55-56
 empatia, capacidade de 189
 força, indiferença à 189, 191-193
 hagios e o "santo" 174-175
 Jesus Cristo e a instituição do cristianismo 190-195

"santo" como palavra funcional 173-174
São Paulo 96, 126
São Pedro 157-158, 160-162 192
verdade e inocência dos 190-191
vida dos 171-173
São Paulo 96, 126
São Pedro 157-158, 160, 192
Schopenhauer, Arthur 31, 163
Scott, Ridley 103
secularismo 76, 117, 148-149
hedonismo do 110
sentido
do sofrimento, continuum do 113-134, 135-140
na vida 168-169
Sereny, Gitta 45-49
sessões Ouija 83-84
sexo
e violência, forças primais na natureza humana 35-36
força do 26-29
sexualidade 25-26, 173
Shakespeare, William 98, 165, 190
Shelley, Percy Bysshe 163
Sheol 94
sinal de rádio, metáfora do 114, 116
singularidades 30, 121, 185
Deus como singularidade filosófica 121
sistemas sociais 117-118
Smith, Iain Crichton 167, 173
sofrimento
como castigo do pecado 122
consciência coletiva e

consciência religiosa, ausência de 138-140
coragem e 174-175
excesso, repressão neurótica e 131
explicações para 124
fé e 119-120
identificação com o sofrimento alheio 49, 177
iniciativa humana no 124-125
intrínseco aos processos da vida 126
juízo final, maldade humana e 122-123
luto e 111-112
necessidade sexual, dor e 176-182
pós-religião e 135-137
primeira teoria do 121-123
questão apresentada pela religião 112-113
religião e 112-113
responsabilidade de Deus pelo 124-126
revelação e 114-115
significado do, continuum do 113-134, 135-140
vida e 112-113
Sonhos
de Martin Luther King 181
lembrança e 23-24
sonhos e a alma 94
Speer, Albert 45-49
Stalin, Josef 126, 174-176
Stangl, Franz 45-46
Strachey, Lytton 85
supernaturalistas 107

Tarry, Claudia 70
teísmo 105
"teodiceia" e sofrimento 121
"teologia clínica" 132
teologia
   fim perigoso da 151
   interpretação teológica na religião 147-149
   religião 115-116
   "teologia clínica" 132
   teologia filosófica 133
Terra
   como organismo vivo 105
   evolução da vida na 108-109
terror
   guerra dos EUA contra o terror 40-44
   Terror da Revolução Francesa 163
The Comedy of Survival (Meeker, J.) 167
The Dominion of the Dead (Harrison, R.P.) 72-73
The Line of Beauty (Hollinghurst, A.) 156-157
The Unquiet Grave (Connolly, C.) 165
The Woman in the Dunes (Abe, K.) 27
Thomas, Dylan 197n7
tolerância 159-160
Tolstoi, conde Leo Nikolayevich 191
tortura 36-40
   afogamento simulado 40-41
   execução e 36-40
tragédia
   e comédia na arte 167-169
   realidade da vida, tragédia na 63-64
   reciprocidade trágica da natureza
transcendência 128
   eu transcendental e consciência 92
transmigração das almas 94-95
trauma, resíduo psicótico do trauma 149
Treblinka 45
tristeza 85, 89-90
   e responsabilidade no luto 59-61
Troia 54
tsunami, tragédia do 124

Um bonde chamado desejo (Williams, T.) 177-179
universo
   força gravitacional do 29
   inteligência dentro do 105
   origens do 29-31
Urbano VIII 44
Urbano VIII, papa 44

Vermeer, Jan 166
vida após a morte 94-95, 106
vida
   brutalidades da 29
   caos, medo do 276-277
   caráter, formação do 186
   comportamento monstruoso, adaptação humana ao 67-68, 72
   Deus, Natureza e o quebra-cabeça da 107-108
   dos santos 171-173

equilíbrio e equidade da natureza, humana resistência a 74-75
esperança na 136-137
existência contingente da falta de consciência de si na 31-32
força vital, determinação na autor-reprodução da 55
humanidade e bondade na 30-32
humanos 120
literatura e comédia trágica da 155-156
maldade do homem 74
mito e passado não lembrado, falta de sentimento por 74-76
morte no meio da 61-64
mundo, natureza artificial do 189
perigo do excesso 75
potencial coletivo humano para a ferocidade 136-137
psique humana, profundezas da 76
realidade trágica da 63-65
sexo e violência, forças primais da natureza humana 35-36
significado na 167-169
sofrimento e 112-113
viver da vida de outra espécie 63-64

Vietnam Veterans Memorial, Washington, D.C. 86-87

violência
religião e 138-140
sexoeviolência 35
Vista do Delft (quadro de Jan Vermeer) 165

Walpole, Hugh 155, 167
Warhol, Andy 190-191
Watson, James D. 30
Weil, Simone 25, 28, 31, 34, 49, 54, 171, 174, 190-191
Wesley, John 200n70
Whitewisp Hill 58
"Why Look at Animals?" (Berger, J.) 66
Williams, Tennessee 151-152, 177-179
Wilner, Eleanor 73-74
Woolf, Leonard 61, 78, 166
Woolf, Virginia 89-90, 184
Worldwatch Institute 68

Yeats, W.B. 144-145

Zimbardo, Philip 34, 43

Este livro foi composto na tipologia Adobe
Garamond Pro Regular, em corpo 11,5/16, e
impresso em papel off-white no Sistema Cameron
da Divisão Gráfica da Distribuidora Record.